为生命而奔跑!

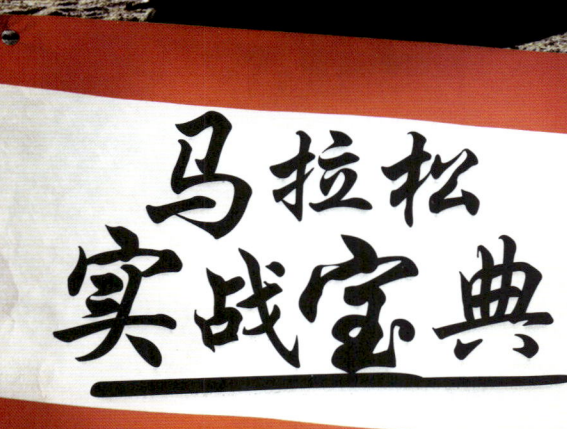

# 马拉松实战宝典

马拉松比赛全指导

【新】DR.BEN TAN 著 丛伟 译

中国水利水电出版社
www.waterpub.com.cn
·北京·

## 内 容 提 要

据统计，2014年中国约有7.5万人次完成全程马拉松，约11万人次完成半程马拉松，约60万人次参加相关活动。越来越多的人，愿意用自己的勇气和毅力去完成马拉松。但是，42.195公里的长跑，需要的不只这些，它更需要持续的训练、科学的饮食、完善的装备以及适当的比赛策略。来自新加坡的谭本，是一位运动医学专家，有长达13年的马拉松长跑经历。他用自己的专业知识和实践经验，向读者全方位解析马拉松，为普通人群介绍了适合每个人的训练计划，并且告诉你如何通过跑步塑造身材、改善身体健康状况，满怀信心地奔向终点！这是一场勇气和实力的较量。奔跑吧，生命！

北京市版权局著作权合同登记号：图字01-2015-1538号

本书通过锐拓传媒公司代理，经新加坡Marshall Cavendish International (Asia)授权出版中文简体字版本。

"Copyright © [2009], Marshall Cavendish International (Asia) Pte Ltd . All rights reserved. No part of this publication may be reproduced or transmitted in any form or by any means, or stored in any retrieval system of any nature without the prior written permission of Marshall Cavendish International (Asia) Pte Ltd."
Simplified Chinese edition© 2017 by China WaterPower Press
The Simplified Chinese translation rights arranged through Chengdu Rightol Media, Sichuan Province, China

**图书在版编目（CIP）数据**

马拉松实战宝典 /（新加坡）谭本著；丛伟译. --
北京：中国水利水电出版社，2017.5
书名原文：Run for Your Life
ISBN 978-7-5170-3484-1

Ⅰ. ①马… Ⅱ. ①谭… ②丛… Ⅲ. ①马拉松跑-运动训练-基本知识 Ⅳ. ①G822.82

中国版本图书馆CIP数据核字（2015）第180656号

策划编辑：祁轻　责任编辑：邓建梅　封面设计：梁燕

| 书　　名 | 马拉松实战宝典<br>MALASONG SHIZHAN BAODIAN |
|---|---|
| 作　　者 | 【新】DR.BEN TAN 著　丛伟 译 |
| 出版发行 | 中国水利水电出版社<br>（北京市海淀区玉渊潭南路1号D座 100038）<br>网址：www.waterpub.com.cn<br>E-mail：mchannel@263.net（万水）<br>　　　　sales@waterpub.com.cn<br>电话：（010）68367658（营销中心）、82562819（万水） |
| 经　　售 | 北京科水图书销售中心（零售） |
| 排　　版 | 北京万水电子信息有限公司 |
| 印　　刷 | 联城印刷（北京）有限公司 |
| 规　　格 | 180mm×233mm　16开本　13.5印张　346千字 |
| 版　　次 | 2017年5月第1版　2017年5月第1次印刷 |
| 印　　数 | 0001—5000册 |
| 定　　价 | 59.00元 |

凡购买我社图书，如有缺页、倒页、脱页的，本社营销中心负责调换

**版权所有·侵权必究**

致新加坡奔跑团体包括我常规训练伙伴在我长期奔跑的过程中，他们一直陪伴着我，鼓励着我，在高强度的训练中，他们促使我不断前行。

致来自德国13岁的Shepherd Draco在他全盛时期，在12000米的比赛中与我并驾齐驱。

最后，致我亲爱的妻子，Alison，她曾经认为她跑完2400米会死掉，但是现在，她经常和我一起参加国内外的中长跑比赛。

Ben与Alison于2004年布拉格马拉松比赛

2008年9月，柏林。那天早些时候，Daniel Ling（2007年新加坡马拉松比赛冠军）和我刚刚完成了柏林马拉松比赛。Ben Tan医生也参加了同一场马拉松比赛，并以3小时1分15秒的成绩完成比赛。这位在该领域和该项纪录中毫无背景的40岁的医生和前水手确实给大家留下了十分深刻的印象。最糟糕的是，他在离比赛开始前一个月，被诊出有登革热！

作为一名跑步教练，我认为突破3小时大关对他来说只是迟早的事情。几乎所有参加柏林马拉松比赛的新加坡人都参加了那天晚上的晚宴。那是我第一次认识Ben。就在那时，我邀请他与我和Daniel一起训练，我们的目标是在两个月后举行的渣打新加坡马拉松比赛中取得3小时以内的成绩。作为运动员的他，Ben接受了我的挑战并开始训练。

尽管他工作十分繁忙，还是在每周六晚加入由Daniel、华侨中学运动员和我组成的团队中来运动。其他时间里，他自己训练或和经常在一起的伙伴们一起训练。Ben的决心、井然有序的训练方法和他的专注在训练中都显而易见。从中我也明白他为什么会成为亚运会、四次东南亚运动会帆船比赛金牌得主，并且三次获得年度最佳运动员荣誉。那是因为他对运动理念有很强的理解力，能够很好地处理信息并为自己所用。所以说他在2008年新加坡马拉松赛中能以不到3小时（2小时56分20秒）的成绩跑完全程，也就不足为奇了。尽管当时那里的天气要比柏林热得多。

我毕生致力于赛跑，为此所付出的每分每秒都是值得的。激发自我潜能的渴望、辛苦的付出以及专业技能都是不可或缺的要素。只要你想完成自己的第一个马拉松或者知道自己已经为此拼尽全力，那么没有任何东西可以阻挡你。我相信Ben是明白这一点的。基于此，他选择写这本书来和他人分享他冲破3小时大关目标的经历。

Ben是一名体育医生，他充分利用运动医学和运动科学训练，竭尽全力地释放出每一盎司的身体潜能。他所提出的这种系统性从全局出发的训练方式一定可以帮助其他运动员快速成长以实现自身目标。Ben曾经是运动团队的一员，他将新加坡在赛跑各个方面都很优秀的专家都汇集到一起。这种集体智慧赋予本书以非常全面、均衡以及全局性的特点。

无论你是以3小时或6小时完成马拉松比赛的选手，我个人觉得你可以运用这本详细、有意义的书中讲述的方法取得突破并缩短你的比赛时间，取得更好的成绩。在这个过程中，你会发现自己同时也在不断刷新每个赛程段包括2.4km、5km、10km、15km以及半程马拉松的成绩！

通过这本书，你也可以分享实现个人最佳成绩的荣耀！

**Murugiah Rameshon**
新加坡马拉松纪录保持者（2小时24分）
2008年渣打新加坡马拉松比赛冠军

### 1. 为什么跑步　　　　　　　　　　　　　　　　　　　　　32
马拉松的重要性及跑步的益处

### 2. 人类跑步机制　　　　　　　　　　　　　　　　　　　38
一个奔跑者的身体是如何运作的，如何适应不断加快的速度

### 3. 衡量您的健康指数　　　　　　　　　　　　　　　　　46
了解适合长跑者的测试及如何根据你自身优势来利用这些测试

### 4. 训练计划　　　　　　　　　　　　　　　　　　　　　53
设计一个全面的、综合的培训计划

### 5. 像肯尼亚人一样奔跑　　　　　　　　　　　　　　　　84
获得完美的奔跑形式

### 6. 长跑者所需要的营养物质　　　　　　　　　　　　　　96
如何在赛前、赛中、赛后为你的身体摄取相应的食物

### 7. 做好体重管理，使身体达到最佳性能　　　　　　　　112
安全地朝着你的完美比赛体重努力

### 8. 比赛策略　　　　　　　　　　　　　　　　　　　　121
计划并执行你的马拉松比赛计划

### 9. 远离受伤　　　　　　　　　　　　　　　　　　　　131
如何通过补充训练和提前练习防止常见的运动损伤和热损伤

### 10. 跑步装备　　　　　　　　　　　　　　　　　　　　182
挑选合适的跑鞋、衣服和电子小配件，促使你能够跑得更快

### 11. 充满惊喜的海外马拉松假期　　　　　　　　　　　　199
我们关于必须参加的海外马拉松比赛的推荐表

附录 1　为期12周的训练日记
附录 2　新加坡，我的训练场
附录 3　比赛礼仪

## 作者

Ben Tan医生11岁时开始了他的体育生涯，成了一名水手，后来成为一名奥运选手（1996），亚运会金牌得主（1994年广岛），连续四次东南亚运动会金牌得主（1989、1991、1993、1989）。他的第一本书，完整地介绍激光级帆船比赛，被游艇界和游艇杂志誉为"有史以来最好的激光级帆船比赛书籍！"激光水手则将其视为"圣经"，在世界范围内，这本书已被翻译成汉语、日语和波兰语。Ben荣获三次新加坡年度最佳运动员（1991、1994、1995），他于1996年退出帆船比赛。

Tan医生在2002年底开始了长跑生涯，以5小时35分完成了他的第一个马拉松。从激光水手所需的78公斤重量型运动员，转变成63公斤的长跑运动员，Tan医生在2008年新加坡马拉松比赛中，以不到3小时（2∶56∶20）的成绩完成了马拉松比赛，不仅实现了他的个人目标，同时也登上了领奖台。在此期间，他完美地完成了2007年波士顿马拉松比赛（3∶19∶04）、2008年柏林马拉松比赛（3∶01∶15）和其他10个马拉松比赛。

Ben Tan 1991年毕业时，获得了临床医学学士学位，1997年他从澳大利亚体育学院和堪培拉大学毕业，获得运动医学硕士学位。作为运动医学研究中心副主任（新加坡体育理事会），为了更好地使国家运动员受益，Ben Tan发展了体育委员会的体育科学事业。富有开创精神的他，之后领导工作组开创了运动医学，将其作为新加坡的医学附属专业。目前，在樟宜运动医学中心（CSMC），Tan医生是领头人及高级顾问体育医生，同时担任新加坡运动医学中心的医学主任。他也在同行评议的运动医学和运动科学期刊上发表作品。

2003年，Tan医生任新加坡高性能航行帆船委员会主席，指导运动员训练并制定比赛框架，因此产生了新加坡的世界青年冠军（到目前为止共12位）。2007年，Tan医生任体育安全委员会主席，提出新加坡当前的国家体育安全指导方针。Tan医生也是国际帆船联合会医学委员会副主席、新加坡足球协会医学委员会副主席、新加坡体育理事会成员和新加坡国家奥林匹克委员会（SNOC）成员、SNOC运动员委员会主席、新加坡体育赞助残疾人体育运动委员会主席。他为运动做出的贡献为他赢得了公共服务奖章（1993）、公共服务明星（1995）、新加坡青年奖（1995）和新加坡青年奖表彰勋章（2004）荣誉。

## 贡献者

**01″ Adele Ang** 是新加坡运动医学中心的高级理疗师。她于1995年毕业于西澳大利亚珀斯科廷大学的理疗学院，经过五年的临床实践，2000年她开始做理疗师（肌肉骨骼）。她获得的大部分临床经验，来源于做体育内科医生的经历，她在新加坡体育理事会治疗了很多国家级运动员的运动损伤。对于运动和肌肉骨骼理疗，她有12年以上的运动临床经验以及教学经验，她也在新加坡南洋理工大学讲授物理治疗学位课程。Adele致力于不断提升自己的专业技能，她总是试图运用知识造福她的病人，使病人的身体机能得以不断进步和恢复。目前在使用普拉提系统恢复（尤其是跑步和其他耐力运动）运动损伤，并提高运动成绩。她认为，使用普拉提系统进行核心训练可以提高运动成绩，减少脊柱和关节周围（如膝盖和肩膀）过度伤害的发生及复发。

**02″ Shamsynar Ani** 是新加坡樟宜运动医学中心和新加坡运动医学中心的高级运动理疗师。她的客户包括精英运动员、体育业余爱好者和有抱负的运动员。

Shamsynar于2000年毕业于伦敦（英国）国王学院，获得理疗科学硕士学位，获得海外专家奖（辅助医疗）奖学金。随后她再次获得由樟宜综合医院发起的国外硕士进修机会，并于2006年获得南澳大利亚（澳大利亚）大学的肌肉骨骼和运动理疗硕士学位。

目前正在拟定关于膝盖受伤，特别是跑步者和铁人三项运动员方面的评估和治疗方案。其他感兴趣的领域包括肩膀受伤康复以及影响青年运动和球赛的健康问题。

**03″ Dr Jason Chia** 毕业于新加坡国立大学（1998），在澳大利亚（2002）获得他的专业硕士学位及运动医学硕士学位。在新加坡樟宜运动医学中心和新加坡运动医学中心，他担任体育医生顾问，在该中心他参与运动损伤管理、健康检测和运动处方、体重管理、额外冲击波疗法（ESWT）以及步态分析。

他负责樟宜运动医学中心的运动测试服务。Chia医生参与《运动处方：医疗从业者》一书出版以及额外冲击波疗法和生物力学的研究。他是新加坡运动医学协会前主席（2006-2007）。

Chia医生在亚洲和东南亚比赛中，曾担任新加坡代表团的医生。此外，他一直是体育赛事，包括OSIM铁人三项（2005-2008）、Aviva铁人（2007）和汇丰银行（HSBC）尾波滑水锦标赛（2005-2007）的医学主任。

Chia医生对多学科耐力运动感兴趣。他曾完成过一个铁人三项赛，现在他把跑马拉松当做一个娱乐项目。

**04" Dr William Chin** 毕业于世界体育都市悉尼，获得临床医学学士学位。他目前在新加坡樟宜综合医院运动医学中心担任医疗官。在大学的时期，他是一个好胜心强的越野跑步者，近年来，他喜欢上了耐力运动，如马拉松、铁人和越野挑战赛。他今年的主要目标是在新加坡马拉松比赛中突破个人最佳成绩。有时，他也希望能有资格参加夏威夷科纳铁人三项世界锦标赛。

**05" Elangovan S/O Ganesan** 在亚洲田径运动会、塞维利亚、西班牙、新加坡和东南亚的世界锦标赛代表新加坡参加中、长跑项目。从2004年到2006年，他连续三年赢得了新加坡马拉松（男子封闭赛）比赛，并创造了2小时45分3秒的个人最好成绩。他也是七届新加坡国家越野公开赛冠军，9次Sheare's Bridge男子封闭赛的冠军（个人最佳成绩为1小时9分44秒），两次Real Run 10公里男子公开赛冠军（2005、2006）和Second Link 10公里男子公开赛冠军（2006）。他的其他个人最好成绩包括：3000米8分48.8秒（1996年新加坡田径运动会），1500米3分58.3秒（1998年台湾公开赛），3000米障碍赛9分18.0秒（1999年泰国公开赛），5000米15分06.6秒（2001年德国柏林公开赛），10000米31分22.0秒（2001年德国科特布斯）。

Elangovan教练于2005年在布莱克博恩学院获得体育与运动科学文凭，是国家教练注册中心注册认证的教练，并为新加坡体育协会中长跑教练小组的一员。他获得了2004年至2006年新加坡体育理事会的教练认可奖。

Elangovan目前是St Joseph's机构的长跑教练，同时也是Pei Hwa长老会和Balestier Hill小学田径的教练。

**06" Malia Ho** 在索尔福德大学（英国）学习足部医疗，被授予公共服务委员会奖学金，于1998年在该校毕业并获得荣誉学位。另外她也得到了赞助从而继续攻读硕士学位，并于2002年毕业于新加坡国立大学，获得科学硕士（研究方向）学位。

在新加坡足疗中心——国家医疗集团足部医疗服务的私营部门成立前，她在Tan Tock Seng医院和NHG综合门诊所工作。作为主要足病医生，她领导一个由足病医师、护士和助理组成的研究小组，为公众普及足部医疗知识，提供良好的足部护理。Malia现任新加坡运动医学中心运动足病医生，从事运动损伤和下肢生物力学的治疗和研究。

Malia是足部医疗协会的一名活跃成员，也是手足病医师协会（英国）的成员，并在各理工学院和机构演讲。她感兴趣的领域是下肢生物力学问题。

**07" Adam Jorgensen** 在澳大利亚布里斯班的昆士兰科技大学以优异的成绩获得了足部医疗学位。在布里斯班高危糖尿病足中心实践之后，1995年Adam来到新加坡国立大学医院，建立足部医疗服务。作为新加坡足部医疗的先驱之一，Adam也是足部医疗协会（新加坡）的创始成员，目前是该协会的主席。他还担任新加坡糖尿病协会副部长，在世界糖尿病日共同主持了庆祝国际糖尿病联合会的"糖尿病足年"活动。Adam作为东南亚国家联盟（东盟）糖尿病肢体协会的创始成员和财务主管，在新加坡、马来西亚、印度尼西亚和中国召开的会议上发表演讲。

自2000年以来，Adam主要关注体育脚病学足部医疗利益。在生物力学，脚跑步受伤和跑鞋领域有着丰富的经验。Adam是澳大利亚的足病运动医学学会的成员。他还与运动医学协会（新加坡）保持密切联系，并担任该协会的执行委员会以及在2006年担任该协会主席。他于2009年再次被邀请担任协会主席。

2004年，Adam进入私人诊所，在卡姆登医疗中心建立足部练习机构。随着足部练习机构规模继续扩大，2008年在新加坡的祷告运动医学中心和罗彻斯特身心公园建立新中心。

**08″ Sharon Khoo** 于2005年毕业于悉尼的澳大利亚自然疗法学院，获得按摩治疗文凭和体育运动辅助服务文凭。她毕业后曾在新加坡体育理事会担任国家运动员体育按摩师，目前在新加坡运动医学中心任体育按摩师。Sharon也是一名登记在案的护士，她采用临床方法做运动按摩。

**09″ Darek Lam** 在新加坡樟宜运动医学中心和新加坡运动医学中心担任高级运动理疗师。不论是精英运动员和业余运动员，他都可以提供治疗。

2000年，Darek获得了著名的海外专家奖（辅助医疗）奖学金，2003年他获得曼彻斯特大学（英国）物理治疗科学学士（荣誉）学位。他后来还参加由樟宜综合医院组织的海外硕士进修项目，于2007年获得运动理疗昆士兰大学（澳大利亚）的硕士学位。

他对跑步运动员膝关节损伤的治疗感兴趣，还积极参与髌股疼痛综合征的研究，并出席国际会议。

**10″ Dr Darren Leong** 在樟宜运动医学中心担任医务官员。他于2005年毕业于新加坡国立大学并获得医学学位，目前正在攻读运动医学硕士学位。

Darren是一名狂热的网球选手，9岁时他便开始打网球，并一直代表学校（莱佛士学院、莱佛士初级学院和新加坡国立大学和新加坡武装部队（SAF体育协会））参加比赛。他擅长网球及其他球类运动，最近Darren对跑步、游泳和尾波滑水产生了很大的兴趣。虽然他尚未完成全程马拉松比赛，但受Phidippides故事的激励，他正努力地追求这一目标。

**11″ Dr Lim Baoying** 于2006年毕业于新加坡国立大学，获得临床医学学士学位，目前在政府服务机构做军医。她喜欢和运动员一起工作，对运动医学和整形手术很感兴趣，尤其是前者，现正在努力攻读医学硕士（家庭医学）课程，待毕业后继续进行运动医学实习。

作为运动员的她在大专时就代表学校参加国家田径赛，在1999年她大专学习第一年结束时，开始了她的第一个马拉松比赛。而在2004年至2007年这4年间，她完全停止了跑步转而关注公路自行车赛，一直到2007年她又一次开始了跑步，并完成了当地及区域的十项全能比赛。不幸的是，跑步带来的损伤意味着她代表新加坡参加2007年的东南亚十项全能比赛这一梦想的终结，但她依然竭尽所能，做到最好。

## 12" **Lim Chin Leong Fabian** 

获得俄勒冈大学学士学位、理学硕士学位和昆士兰大学的博士学位（运动机能学）。他还获得了英国萨里大学的工商管理硕士学位。Dr Lim 不仅获得过新加坡国防部国防科学奖学金，自1991年以来他还在国防部接受了不同的任命。

Lim医生目前担任实战保护和性能的项目主管，军事国防医学和生理学实验室环境研究所、DSO国家实验室的主席。同时也担任Yong Loo医学院的兼职副教授、新加坡国立大学和新加坡临床科学研究所的兼职研究员。他还在新加坡体育学校教授奥克兰大学的技术工程专业。

在过去的18年里，Lim医生在运动生理学领域进行了各种主题的研究。这些主题包括肥胖、负载运输、健康管理、运动免疫学、运动营养学、水分和温度调节。最近，Lim医生一直在研究免疫紊乱对中暑这一病理的影响，并将运动免疫模型应用到中暑机制中。他的研究成果被30多个当地以及国际科学学术出版物上翻译发表。

## 13" **Ling Ping Sing** 

毕业于美国南伊利诺伊卡本代尔大学，获得食品和营养学学位，自2000年，她成为注册营养师（RN）。她是新加坡认证营养师（ADS），也是新加坡营养师和营养协会（SNDA）的成员。Ping Sing在2004年还完成了为期两个月的卫生人力发展规划项目（HMDP），该项目隶属于英格兰利兹体重管理项目。她于2006年在澳大利亚运动营养师协会（SDA）完成了她运动营养师的课程。

自2001年以来，Ping Sing一直在樟宜综合医院（CGH）工作。她目前在樟宜运动医学中心和新加坡运动医学中心进行为病人在体重管理及运动营养方面提供相应的饮食调整方案的研讨项目。

Ping Sing在2006年开始跑步，她参加的第一次比赛是在2007年参加8公里女性户外挑战赛。她现在每年都会参加几场比赛，包括15公里激情赛跑、Mizuno Mt Faber 赛跑、军队半程马拉松和新加坡渣打马拉松比赛。

Ping Sing 深信通过营养可以提高体育成绩和一个人的健康，她相信你吃的食物决定了你的为人。她决定用她的技能和知识来影响她周围的世界。

**Murugiah Rameshon** 是Hwa Chong机构的中、长跑主教练。到目前为止，他已经在新加坡12个学校的越野队执教过，从1995年到2009年所教队伍中都有人赢得冠军头衔。

Rameshon教练在体育教育学校（新加坡）获得体育教育资格文凭，在拉夫堡大学获得体育教育和运动科学学士学位（荣誉）。他的研究方向是1500米赛跑的心率分析。2008年，他获得了澳大利亚西部大学的教育硕士学位，他的论文是关于新加坡学校参与体育运动的趋势。

作为一名跑步运动员，从1989年至1995，Rameshon取得了以下个人最好成绩：

1500米——4分11秒（新加坡公开赛）
3000米——9分03秒（新加坡）
5000米——15分钟31秒（新加坡公开田径竞赛）
10000米——31分钟46秒（英格兰）
半程马拉松比赛——1小时10分钟52秒（马来西亚）
马拉松比赛——2小时24分钟22秒（泰国、东南亚运动会），全国纪录

43岁的Rameshon仍然很健壮，赢得了2008年渣打银行新加坡马拉松（本地赛）冠军。为了表彰他的体育成就，新加坡体育协会于1991年授予其荣誉奖，1998年授予其奥林匹克学院的荣誉奖项。

**15"  Jessie Phua** 于2000年获得（足部医疗）理学学士学位，在2006年，她加入了由下肢运动研究中心举办的为期3个月的卫生人力发展规划项目团体，她是樟宜综合医院运动医学中心的资深足病医生。她特别感兴趣的领域是生物力学、运动损伤、糖尿病足的生物力学运动和肢体保全。Jessie喜欢慢跑、游泳、骑自行车，喜欢享受自然之旅。

**16"  Ben Swee** 是一名私人教练，1997年开始爱上了跑步，同时他服务于军队，是国家服务机构的一份子，同年完成了他的第一个马拉松比赛。在2000年他完成了在西澳大利亚大学的商学课程并回到新加坡。他开始积极参与很多本地甚至海外的比赛，这大大激起了他对健康和健身的热情。为了实现自己的个人目标——"帮助人们实现个人健康和健身目标"，Ben考取了新加坡体育理事会基本运动课程、国际联合会有氧健身（FISAF）健身领袖和私人教练课程的证书。Ben已完成了18个马拉松比赛、一个84公里的超级马拉松和几个三项全能比赛，这也包括铁人三项。

**17"  Dr Tan Peh Khee** 于2000年毕业于新加坡国立大学（NUS）医学院，获得医学学士和外科手术专业学士。2006年他加入皇家外科学院（爱丁堡）成为会员，2007年获得整形外科硕士学位。他的主要兴趣是运动医学和整形外科。

作为一名狂热的长跑运动员，Peh Khee代表学校（莱佛士初级学院、新加坡国立大学）参加过长距离径赛项目和越野比赛。他开始对跑步感兴趣是在莱佛士初级学院了解越野跑步的时候。在医学院，在兴趣的引导下他完成了6个全程马拉松比赛以及无数个三项全能比赛。在2007年他还完成了新加坡Aviva的半程铁人赛。他还是当地的一家长跑俱乐部MacRitchie Runners' 25的成员。

**18"  Philip Tan** 是新加坡为数不多的几个以优异成绩毕业于位于西澳大利珀斯的伊迪丝·考恩大学并获得运动科学学士的运动科学家。他的杰出的学术成就使他在整个大学具有非凡的影响力，并成为著名的金钥匙国际荣誉社团的一员。

在过去的两年里，Philip在新加坡体育理事会与国家顶尖的耐力运动员、团体比赛运动员一起共事。他目前在樟宜运动医学中心担任力量和体能教练，他的工作包括进行运动员成绩的测试、推动运动员提高成绩（特别是耐力运动员）以及受伤运动员的康复工作，以备他们可以回到竞技体育中。

Philip也十分喜欢长跑，完成了大量的公路比赛、从10公里到64公里的越野超级马拉松比赛等。他开设了免费的跑步讲座，将4年多的跑步和比赛经验分享给大家，还做了大量的针对业余耐力运动员的健康测试，为当地的跑步运动做出了巨大贡献。为此，他于2007年被授予新加坡体育励志奖（青年类—表彰类）。

**Tan Wei Leong** 是全职跑步教练，获得了新加坡体育理事会（SSC）国家注册教练（NROC）资格和SSC国家培训认证项目（NCAP）1级、2级和3级（理论）证书。此外，Tan教练还持有由国际业余田径联合会（IAAF）颁发的1级（通用）和2级（短跑和跨栏）教练证书，并一直是这些课程的顶尖教练。

在2006年和2007年，Wei Leong用负责认真的态度教导和指导学校的运动员，被授予SSC教练发展类别的国家教练认可奖。

Tan教练认为在认真培训和达到自己最高水平的过程中可以得到无价的人生指导。他相信运动使他的生活更有意义。

**20″ Dr Roger Tian Ho-Heng** 于1996年毕业于新加坡国立大学，在爱丁堡皇家外科学院完成研究生课程，获得外科从业资格。他于2007年获得新南威尔士大学运动医学硕士学位，是经美国运动医学学院认证的运动专家。过去的四年，他一直在樟宜运动医学中心工作。他还在新加坡体育理事会的高性能部门参与国家顶尖运动员的照料工作。目前其担任人类研究伦理委员会的成员。

尽管他很忙，Dr Tian一直积极参与研究和教学工作，并在同行评议的杂志上发表了几篇文章。他定期会见媒体，与当地的出版顾问小组举行讨论会议。他曾担任新加坡国际铁人三项和首届AVIVA70.3新加坡半程铁人赛医疗顾问。他每周跑40～50公里，每年参与2～3次耐力赛。

# 引言
>> Dr Darren Leong 编写

## 马拉松的起源

马拉松全程比赛是42.195千米（公里）的公路赛，吸引了很多人来参赛。公元前490年，希腊信使Phidippides从马拉松平原出发奔跑到雅典，宣告希腊战胜波斯人胜利的消息。消息传递后他力竭而亡，用生命书写了这史诗般的25英里路程。为纪念这个爱国主义的壮举，1896年雅典首届现代奥运会举行了以马拉松命名的长跑比赛，并一直延续至今。

在1921年前，比赛距离一直处于变化中，国际业余田径联合会（IAAF）决定将1908年伦敦奥运会的42.195公里作为所有马拉松比赛的标准距离。因此，1924年巴黎奥运会马拉松比赛是当时官方标准距离后的第一次马拉松比赛。

在新加坡，第一次全程马拉松于1982年举办，有2832人参加，全程42.195公里。英国的Raymond Crabb和香港的Winnie Ng分别是男子和女子冠军。Goh Gam Seng 和 Lim Hui Pheng 是当地马拉松比赛的男子和女子冠军。

1984年，新加坡国际马拉松开始成为了两年一次的国际马拉松赛。在1985年，美孚石油公司推出了美孚马拉松比赛。美孚马拉松比赛举办了很多年，并与新加坡国际马拉松一同为当地的跑步团体做出贡献。

2002年，新加坡马拉松比赛成为新加坡渣打马拉松比赛，并继续以一个年度事件吸引国际和当地的参与者。从其早期来看，马拉松的参加者不断增加，在2008年报名的跑步者达到了50000名，创造了纪录。这些人中有15000人跑完了全程马拉松。当前的纪录是来自肯尼亚的Luke Kibet创造的2小时13分1秒。新加坡国内的马拉松纪录保持者是M Rameshon（1995年，男，2小时24分22秒）和Yvonne Danson（1995年，女，2小时34分41秒）。自2007年以来，从午夜开始的日落马拉松，加入了奔跑日程。

## 一个人的旅程

当我第一次决定把跑步作为一项体育运动时,我并不是严格意义上的跑步者。我是一名水手,航行(特别是在激光级帆船类)要求身体活动尽可能远离船的中线并与帆船产生的倾斜力反向移动,要拉着帆布(绳索)控制帆。在这个意义上,帆船运动更多的是一种力量的运动,而不是有氧运动。

有氧运动要求适度,所以激光水手要将体能训练60%~70%的时间花在重量训练和其他心血管训练上。最好的模拟航行要求的心血管训练是划船,其次是自行车,最后是跑步。

Ben Tan在1996年奥林匹克运动会激光级别帆船比赛中撑帆把舵

不用说,我花了最少的时间来跑步,我只有不划船和不骑自行车时才跑步。激光水手的最佳体重是78至82公斤(kg),我一周去6天健身房,保证我的体重在64公斤到78公斤,这才能保证我在帆船比赛中的状态达到巅峰。1996年,我退出了帆船比赛后继续健身,主要是做力量型锻炼,否则将遗憾地失去这些年来我在帆船运动中刻意练成的肌肉。

在帆船比赛的生涯里,我一直对马拉松充满了好奇。在帆船比赛中,每次比赛大约需要一个小时才能完成,所以我想知道这些跑步者如何能够一直不间断地在比帆船比赛多两倍的时间里奔跑?人的身体受得了吗?在如此长时间的折磨中,他们的骨头、肌腱、肌肉将会发生什么?他们需要多强大的意志力?在训练和比赛中,这些伟大的马拉松运动员有着怎样的想法?

出于好奇，2002年11月我决定开始我的第一次马拉松，选择了柔佛—新加坡第二链桥跑，那时我35岁。从比赛来看，他们属于全程马拉松类别，跑步者会跑过第二个链桥，从新加坡到马来西亚再回到新加坡。我曾经开车穿过第二链桥到马来西亚，我认为这是很简单的事，因为开车完成这项旅程十分轻松。我很好奇想知道是否我有坚韧的精神完成全程马拉松，对我来说这是一个精神力量的测试——我有一段时间没有参加帆船竞赛了，我想知道我的意志是否依然坚强。

为了确保这是一个精神力量的考验，我并没有做太多的马拉松训练，事实证明这是一个巨大的错误。

开车到马来西亚（抛开堵车不说）通过第二链桥，这一过程十分顺利。不幸的是，当跑步穿越第二链桥确是十分困难的。当你在车里，你不知道那宽阔的公路上没有树木，没有可以乘凉的地方。对开车而言上坡是很容易的，而对于奔跑者而言，上坡并不是那么容易！马拉松比赛是一场艰难的挣扎。我在30公里标记处前出现了众所周知的"撞墙"。异常耀眼的太阳，十分闷热的天气，这都使得道路散发更多的热量。我出汗过多导致严重脱水，不得不放慢自己的速度，由跑变为走。而这不是轻松愉快地散步，脚上传来的疲惫感让我感觉快要死掉了。我感到头昏，没有力气，疼痛感传遍全身，如果我试图加快速度，我觉得我将会崩溃。那时马来西亚一位十分友好的二十来岁的女士也沿着公路跑步，这使我可以参照她以一个稳定的速度前行，但还是处于慢跑状态。当她经过我身边时，她用普通话鼓励我说："让我们一起跑，跟上我。"虽然我竭尽全力，但仅仅三分钟后，我就放弃了。"清洁工"巴士开始接掉队者上车，因为比赛已经进行了快6个小时，截止时间快到了。公共汽车来到我身后，我想上车但又纠结了，我提醒自己，这是一个精神力量的测试。我最终以5小时35分钟完成了比赛！天气实在太热了，大部分的落后者并没有竭尽所能去完成比赛，在终点线的工作人员已经开始把剩下的证书和奖牌放进纸箱盒子。我跑到终点时已经很晚了，他们不得不重新打开一个盒子，将属于我的奖牌和证书颁发给我！

是的，我证明了我有强大的精神力量，但是我不得不为此付出沉重的代价！比赛后，我几乎不能自己回到家，像一具尸体一样。可我很高兴，我仍有强大的精神力量，但更重要的启示是，在体能方面，我失败了。从全局来看，我们需要开发我们的思想，锻炼我们的身体，我通过了心理测试，但没有通过体能测试。就在那时，我决定参加更多的马拉松比赛，通过这次挑战我的身体转变为一个疯狂学习跑步的机器。

朝着成为一个可以更快奔跑的马拉松运动员的目标，我开始了系统的准备。我设定目标、制定培训计划和培训周期，检测我的训练和进步。我不得不将我的身体由绿巨人变成蜘蛛侠;从一个重量与肌肉为主的运动转变成了完全相反的方向，跑步这项运动，体重越轻，反而越有利。

我将我的体重降到了64公斤。在我平时跑步的路线中有处陡峭的斜坡，我现在已开始适应，慢慢地开始在斜坡上慢跑，不久之后，我可以匀速不做停留地直接跑上去。一路走来，我得到了很多帮助，很多经验丰富的跑步者，如Roy Ang、MR25俱乐部的成员们、Lua Choon Huat 等教我熟悉跑步的门道。Choon Huat尽可能凌晨4点给我打电话（我需要它），叫我醒来，这样我就可以周日早上5点准时与他一起长跑。

最初的进步很大——我在每次马拉松比赛前都给自己设定一个最好的成绩，竭尽所能地尽快通过终点线。三年里，我的马拉松比赛成绩由5小时35分，缩减到3小时57分、3小时45分、3小时30分、3小时21分。不仅如此，我意识到每次比赛之后我不再是虚弱无力，或累得半死，我依然可以出去吃饭和购物，第二天正常上班，就像前一天只是经过了一个训练而已。我可以看到并感知这种转变。

但并不是一直都一帆风顺。在最初的几年，因为我不习惯这种长时间的运动，我得了腓骨应力性骨折——确切地说是三次，一次接一次。幸运的是，我发现得早，谢天谢地腓骨不是最糟糕的应力性骨折。我没有因此付出高昂代价，但无论如何，我从自己的错误中，不断地调整训练计划。现在，我完全能够跑更远的里程，而且再也没有应力性骨折发生。另一个运动损伤是持续足底筋膜炎，包括后脚跟都会承受痛苦。我又一次尽早地发现了这个问题，把我的跑步里程缩短了百分之四十，两星期的治疗、纠正损伤发生的潜在原因后，我又恢复了正常跑步里程。我现在能够跑更远的里程，在80～120公里之间，同时在过去的三年里我也没有发生运动损伤。

在新加坡航空公司的航班上，我偶然发现一个2005年的韩国电影《马拉松》。影片讲述一个诙谐的、鼓舞人心的真实故事，患有自闭症的男孩Cho Won十分渴望可以参加春川马拉松比赛。最后，在母亲和教练的帮助下他在3个小时内完成了马拉松比赛，这相当于业余选手的奥运梦想！这部电影深深印入我的脑海里。我知道如果在三个小时内完成马拉松比赛，这一定需要经过一些严格的培训。

在实现三小时内完成马拉松比赛目标的过程中，我打算在2007年波士顿马拉松比赛——世界上最古老的马拉松比赛中努力一次。

为了获得马拉松比赛相应证明资质，我选择了2006年日本Ohtawara马拉松比赛，Ohtawara以持续凉爽的天气和相对平坦的地势而闻名。最后我以3小时15分完成了马拉松比赛，并获得相应资格证书。就在我出发去日本之前，我的一位老朋友Kwang Min给了我一本书，书名是《超长距离马拉松比赛男子Dean Karnazes：通宵跑步者的自白》。除了医学文献，我通常不读任何东西，我的阅读速度永远追不上我列医学期刊文章清单的速度。但我带上了Kwang Min送的书在飞机上看。我深陷其中，泪眼婆娑地读完了这本书——这是一本励志之作。当我参加Ohtawara马拉松比赛时，书中的场景和台词反复在我脑海中闪过，激励我一直前行。我以3小时14分59秒完成了这次比赛！千钧一发，要不是Kwang Min的礼物，我想我没有机会参加波士顿比赛。我知道我那一时间段的身体状态，比赛中，我已经倾尽所有，筋疲力尽。但竭尽所能取得令人满意成绩的喜悦远远胜于赛后的疲惫感。比赛后，我们组的选手去了附近Shiobara温泉区，那里有被誉为上天恩赐的温泉。在泡天然泉水时，我能想到的是："我值得享受这些！"（我的妻子Alison看到我泪流满面后，也读了Dean Karnazes的书，她总结作者简直就是一个疯子，但我还是多买了几本，送给我的朋友和同事作为圣诞节礼物，迫切想与大家分享这个疯子的作品。）后来我开始了波士顿的朝圣之旅，亲自体验了那"声名狼藉"、令人心碎的高山，感受到了震耳欲聋的Wellesley学院尖叫隧道的欢呼声，气温徘徊在4℃～6℃，在雨水与凛冽的寒风中，我以3小时19分完成了这次比赛。

我以3小时21分完成了2005年墨尔本马拉松比赛，从那之后我进入了稳定期。在接下来的两年中，我的成绩徘徊在3小时24分与3小时12分之间。我梦想能够在3小时内完成比赛，这似乎成了不可能——3小时12分与2小时59分之间存在着巨大差距。一个跑步者曾经告诉我，我已经达到我自己的巅峰水平，一个运动员前辈补充说，在我的年龄（快40岁）阶段，我甚至都不能嗅到3小时内完成比赛的气息。我想知道我是否应该接受现实，我忽然想起一些中青年，那时我正思考当我完成OP级帆船课程（一种专门适用于15岁以下儿童的帆船课程）后，我该选择哪一种船起航。我瞄准了激光类帆船。奥运类竞赛中，激光级帆船被认为是"魅力比赛"，就像网球或羽毛球男子单打比赛。年长的水手说，激光类竞争太激烈了，但我喜欢这种竞争性帆船项目，这样我至少会有机会赢得一些东西。我努力思考并最终从美国水手Buddy Melges的话语中得到启示，他说："在一个世界级舰队中排名第十远远好过在一个平庸的舰队中排第一。"竞争和挑战会让我们更强大、更出色，无论你是输或者赢。比胜利更重要的是性格的塑造和自我的发展。最终，我愿意面对竞争，接受挑战，并获得亚运会金牌，连续四届东南亚运动会金牌，排名世界前50。奖牌和头衔只是激励我不断发现自身潜能的附属品。我从未避开任何一次挑战，迎接挑战总会让我变成一个更优秀的人，无论输赢。所以我为什么畏惧追求在3小时内完成马拉松比赛的目标？即使我没有在3个小时内完成比赛，我一路上所学到的，也必将是无价的。

我下定决心绝不放弃对3小时内完成马拉松比赛目标的追求。我的训练伙伴相信我、鼓励我、激励着我，我也会坚持到底。我加强训练，增加我的跑步里程。但我知道要想有突破，绝不是简单地跑步就可以达到的——我有全职工作，于是我还有其他的责任需要承担。我做了计划，一周跑步6天，1天训练。我不想去破坏这一计划，但工作占据的时间让我不得不提高训练效率，要注重质量而不是数量。

明智的训练计划让我得到了更好的结果，根据我训练次数的增加，我感到我可以看到3小时内完成马拉松比赛的曙光。我在周末的16公里跑中，尝试用3小时内完成比赛的配速去跑，跑完后我甚至没有感觉到疲惫。我也在星期天38公里里程跑时达到了合适的时间记录。我现在可以轻松地每周完成总里程100公里。我认为在柏林马拉松比赛中，在快速的过程、完美的温度下，我将会在3小时内完成比赛。我的期望很高，但在柏林马拉松比赛前5周我却得了登革热！5天里，我的心情跌落谷底。头很痛，骨头和肌肉也十分疼痛。刚刚从床上爬起来，我便喘不过气来。我没有食欲，尽管我强迫自己吃东西，我的体重仍然在一周内降至61公斤，我通常是63~64公斤。我害怕我失去了肌肉，要在3小时内完成比赛，我需要力量和速度。我打电话给我的朋友，国家传球员James Wong，想要寻求一些安慰，就在几年前他也得了登革热。"九个月后，我可以恢复到我正常状态下的80%，"James说。柏林马拉松比赛只有一个月的时间了，这并不是我所希望听到的。我没有九个月的时间来恢复身体。我只需要做出我所能控制范围内的最好的成绩。我恢复训练的最开始两周里，成绩十分令人沮丧。我的训练伙伴Benny把我远远甩在后面。而在他已经完成了比赛、开始冲凉的时候，我在东海岸公园才完成训练。我常被远远甩在后面，我甚至考虑打车回到我停车的位置，那里是我们跑步的起点。幸运的是我很贪吃，我的恢复速度很快。待我恢复到了得登革热前的配速后我决定出发前往柏林。我又可以跑步啦。

2008年柏林马拉松比赛开始后有轻微混乱发生。环形车阵没有监管，枪支打响后我陷入了交通堵塞。之后我跑了3公里的路程，交通才恢复通畅，让我可以保持稳定的配速。那时我跑得相当轻松，确认每公里都是按照计划进行。跑到35公里时，我感到累了，开始挣扎，但我依然保持着良好的配速。看到42公里的标志时，我比3小时完成马拉松比赛的配速快20秒。尽管痛苦，但一想到我可以在3小时内完成马拉松比赛，我便面带微笑。那时我的步调已经土崩瓦解。我的腿无法维持原来的速度，我试图加快速度但有些虚弱无力。跑至最后的拐角处，我看到了远处的终点线。我知道将要接近终点线，但我试图加速时感到越来越困难，越来越让我感觉我要晕倒。我的身体不受大脑控制，大脑无法正常工作。我穿过古老的勃兰登堡门时，离终点线只有400米，我的心沉了下去——我的表显示，已经三个小时了。我冲过终点线时用时3小时1分。在最后的2公里，我搞砸了！在接下来的几天，我不再相信自己。终点只有400米之遥的画面不停地在我的脑海出现，折磨着我，我的信心又动摇了——如果我不能在3小时内完成柏林马拉松比赛，世界纪录如何被打破，如何开创新的世界纪录，我还能在哪里完成它？（事实上，与我参加同一场马拉松比赛的Haile Gabrselassie以2小时3分59秒创造了当前的世界纪录。）

比赛之后，新加坡的跑步者在柏林共进晚餐。那是我第一次我遇到Rameshon教练，他是新加坡马拉松比赛的世界纪录保持者。他在1995年创造了个人最好成绩2小时24分，至今仍没有人打破纪录。我感到沮丧，但他相信我可以在3个小时内完成两个月后的新加坡马拉松比赛，他邀请我和Daniel Ling一起训练，Daniel Ling是2007年新加坡马拉松当地男子组冠军。我很荣幸，尽管我确信我无法在3小时内完成新加坡马拉松比赛，但与顶尖人物一起训练和学习的机会实在充满诱惑。经过两周的休息，我开始与Rameshon和Daniel一起训练。他们的训练相当密集，有速度跑和山地跑。同时我开始感到了一丝变化——我的腿变得更强壮，我的速度有了新的进步。而在我们参加训练的Hwa Chong男孩机构中一起训练的男孩，他们促使我更加努力前行！

在2008年新加坡马拉松比赛中，开始时我十分顺利。尽管我知道自己体能提升，但我仍要控制自己，保持比赛的配速。看到了21公里标记时我已经做好了4分钟的缓冲时间，我感觉很舒适；在32公里，我并没有感到很吃力，觉得有些不寻常；距离终点线的5公里，我的腿仍然"听命令"——通常情况下，在这个阶段他们会有自己的思想，我不能命令他们跑得更快；还剩最后2公里时，我担心一切太过顺利了——在之前的比赛中，到达最后阶段时，我从未感觉到像这样充满力量，无论我做怎样的缓冲通常都会在此之前力竭。我仍然没有使用之前准备的4分钟缓冲。墨菲定律再次罢工吗？不！令人惊讶的是，我冲过终点线的时候用时2小时56分！我感到十分欣慰，所有的辛苦训练都得到了回报。我曾憧景2小时59分完成比赛，但是在新加坡马拉松比赛中，尽管天气湿热，我依然以2小时56分完成了比赛！我很高兴我没有放弃以3小时内完成马拉松比赛的希望。

41岁时，我成功啦。最重要的是，当我跑过终点时，Rameshon和Daniel向我跑过来告诉我，我是第三个完成比赛的！这意味着我们三个分别获得了第一名、第二名和第三名！团队合作——永远不要低估它的力量。我们作为一个团队一起训练，我们作为一个团队共享成功！

在这个令人瞠目的自我发现之旅中，我充分利用作为一个国际激光水手的经验，同时我也有运动医学和运动科学的学术背景，是新加坡跑步兄弟协会的成员。我汲取信息、加工处理信息，丢弃神话传说，将准确的事实付诸实践。我把自己作为小白鼠，不断尝试训练方法和训练理念。有时，我不得不费力地学习很多事情。但一路上，我会寻找乐趣，我十分感谢Roy Ang、Goh Aik Guan、Lua Choon Huat、David Tay、Benny Goh、Daniel Ling、Rameshon以及其他人的鼓励和陪伴。这个有意义的旅程，保证让你受益无穷，尽管奖励来得有些晚。随着越来越多的新加坡人加入到跑步中，我的愿望是分享别人教我的东西，从而使更多的运动员可以以安全的和结构化的方式来实现个人的梦想。

从左到右分别为Daniel Ling、Ben Tan和M Eameshon在2008年新加坡马拉松比赛中，他们分别获得第一、第二、第三名，他们在欢呼庆祝

## 加入俱乐部

当Roy Ang在1986年开始跑步时,他的78公斤的体重并不适合跑步。当他在MacRitchie水库公园跑步时,Roy被其他跑步者邀请加入他们的俱乐部,即MacRitchie25跑步者俱乐部(MR25)。"我有动力继续跑步,因为这样一个团队,它给了我一个目标,该团队与我分享他们的跑步技巧。MR25还组织许多跑步活动,包括在年终掀起高潮的渐进跑比赛。"Roy感激地说。

五十岁的Roy回忆说,"我开始跑步是为了减肥,但后来我迷上了跑步。"他现在体重56公斤。1989年,仅仅加入MR25后的三年,Roy在新西兰力量型马拉松比赛中,创造了他的个人最好成绩——2小时56分。这一天,Roy使那些只有他年纪一半的马拉松运动者陷入羞愧中。

当我开始跑步时,Roy是第一个教会我跑步入门的人。Roy的速度比我快得多,但他会减速陪在我身边,鼓励我到达终点。即使在这么多年之后,如果你需要长跑时有人陪伴,你依然可以在星期天的早晨,叫上Roy和其他MR25的成员陪你一起跑步。

MR25成立于1976年,这里有所有年龄段的跑步者。如果你想知道这个名字是怎么来的,答案是加入MR25前,都要做5公里(女性4.8公里)越野测试。如果你能做到在25分钟内完成,那么欢迎加入俱乐部!但别担心,每个人都很友好,在我最终尝试并通过这一越野测试的很长时间里,我受到了极大的欢迎,可以和大家一起跑步。

在新加坡,除了MR25外,还有许多其他跑步俱乐部,有些规模比较大,有些比较小。甚至有些俱乐部以FatBird和ABC命名。但无论你决定加入哪一个俱乐部,你会明白为什么跑步是备受社会欢迎的一项运动。

>>Dr Tan Peh Khee 编写

## 跑步有益于健康

有什么比跑步更好的锻炼身体的方法吗？400万多年前，人类由最初的四肢行走进化到站立行走和跑。是我们创造了跑步——10000年前，采猎者，像墨西哥Tarahumara的印第安人，一天跑很多英里捕食。公元前490年，Pheidippides，一个古老的"日行者"，当他给雅典传递希腊在马拉松胜利的消息时，便将跑步这项运动放置在了世界运动地图中。

跑步通过产生更强有力的离心泵系统来强化心脏。它降低血压，提高（高密度脂蛋白）胆固醇，以此减少坏的胆固醇（低密度脂蛋白），最大限度地减少中风和心脏病发病的风险。跑步维护动脉弹性，因为跑步时动脉扩张和收缩的幅度相当于一个人不运动时的3倍。跑步也提高了肺功能，跑步过程中可以利用不常用到的50%的肺功能。

此外，跑步也是一种负重运动，通过压力冲击对骨骼系统产生影响，使骨矿物质的密度增加。这就减少了骨质疏松和骨折的风险。跑步时对意志力及其他精神方面的训练也可以提高身体的肌肉协调能力。这有助于进一步减少老年人跌倒、骨折的风险。

实际上很多人开始跑步是为了保持苗条或阻止肥胖。研究表明，大约有60%的运动员跑步是为了保持身材。跑步是燃烧脂肪的最好的运动之一。由于跑步运动的是大肌肉群，所以除了越野滑雪外，与任何其他心血管锻炼相比，跑步每分钟可以燃烧更多的卡路里。跑步可以成功地治疗肥胖，降低II型糖尿病发病的风险，减少阻塞性睡眠呼吸暂停、脂肪肝、癌症（如结肠癌、乳腺癌、子宫癌、卵巢癌、前列腺癌）、生育能力低下和静脉曲张的发生。

跑步，甚至被称为是一个延缓衰老的过程。肌肉和骨质，往往随着年龄的增长而衰弱和降低，但跑步可以减缓这一现象。跑步还可以促进人类生长激素的释放，人们认为跑步可以保持人的身体健康。最大有氧能力（衡量人体在运动中使用和运输氧的能力，也称为最大摄氧量）从20岁中期开始每十年下降10%。多亏了跑步，我已经掩盖了自己的真实年龄！在我20多岁时，最大供氧能力为56毫克／公里／分钟；我现在42岁，原以为最大供氧能力会下降20%，反而却增加至毫克／公里／分钟。跑步使我能更好的放慢时间！

## 年龄不是障碍

Ronnie Wong 34岁时才开始跑步，1980年，他从新加坡来到百慕大。他当时是名厨师，经常在迪斯科舞厅闲逛到凌晨4点。朋友以六杯威士忌和他打赌，赌他无法完成10公里比赛。他完成了比赛赢了赌注，并开始沉迷于跑步。他甚至在1988年婚礼后的第二天，跑赢了百慕大马拉松比赛，上了头条新闻，足以见他沉迷之深。Ronnie意识到酗酒既不利于健康，也会对跑步产生影响，就戒了酒。他没有任何在这个年龄段被困扰的健康问题，仍然过着远离疾病的健康生活。Ronnie现在63岁了，住在美国马里兰，他仍在参加马拉松比赛和超长距离马拉松比赛。对于Ronnie来说，变老使他的速度放缓了吗？"当然我认为我不会跑得更快"，在近几年的马拉松比赛中，他以不到3小时30分的成绩完成了马拉松比赛，事实已经反驳了他的话。在2008年，他完成了第200次马拉松比赛！

上图：Ronnie Wong（前排中间），和Ben Tan、David Tay、Lua Choon Huat（后排，从左到右），于星期天早晨跑完步后

下图：Kor Hong Fatt

Kor Hong Fatt 70岁时心脏病发作，清醒后健身的号角呼唤着他，Hong Fatt在71岁时开始了有规律的跑步。"我必须健康。我必须照顾好自己，这样我才可以照顾她，"她指的是他的妻子，她在1994年得了中风。"我们不能将负担压在我们的孩子身上，"作为两个结了婚的儿子的父亲补充道。Hong Fatt在2003年完成了他的第一个马拉松比赛，后来他个人的最佳马拉松成绩是4小时47分30秒。现在，77岁的他已经完成了10个马拉松比赛，并计划将跑步进行下去，直到80岁。"这都是为了全面地了解你的身体，倾听它的声音。"当被问及他是如何成功地一直跑下去时，Hong Fatt回答说。

为什么跑步？

跑步不仅有益于身体，也有益于大脑。"跑步会使动物大脑明显地产生更多的大脑海马细胞，这是大脑中参与学习和记忆的一部分，"Dr Ho New Fei说，她毕业于新加坡国立大学的脑功能想象实验室，是一名博士后，曾进行大量的实验和大脑功能的研究，她补充道："跑步也会提升大脑细胞相互交流的能力，并提高了空间记忆任务的性能。对于人类来说，有氧训练将显著增加大脑体积以及增强与执行功能相关的部分大脑运作，如决策和解决问题的能力。"

我们也知道，在一个人的生活中，跑步可以减轻压力，通过释放内啡肽（一种类似于吗啡的激素）使跑步者精神愉悦。因此，跑步后大多数人感觉心情愉快、身体强健。跑步是心理学家治疗轻度抑郁的方法。长跑的伟大之处在于给人提供了空间和时间去思考问题。更重要的是，跑步促使人积极思考，增强人的信心。对于一个正在接受严格的跑步训练的人，跑步还可以将这种纪律性带到生活的其他领域中，很容易使他们在工作或学术中也能按计划实施。

## 挑战

为什么马拉松比赛的总长度是42.195公里呢？跑步竞赛涵盖了从100米短跑比赛、中距离赛跑到马拉松半程比赛等各种赛程长度。最大的区别是，除非我们特意为此训练，否则我们没有足够的能量存储支撑我们可以连续跑42公里。我们一般在约25公里处便跑不动了，这时我们的碳水化合物储备要枯竭，不得不放慢脚步，因为我们不能很快地让储存的脂肪运动起来。如果你能跑10公里，那么跑21公里也不是什么难事。但从21公里到42公里，便大有不同了！痛苦不是双倍的，更多的是不成比例的痛苦。因此，马拉松比赛与短跑比赛是截然不同的，因为距离超出我们通常的能量储备量。它需要长时间的训练和生化适应，以便能够完成最后10公里左右的里程。正是要克服42.195公里的困难，使大多数马拉松参赛者将马拉松比赛比作攀登珠穆朗玛峰。

另一个马拉松比赛所具有的吸引力是一种延迟而来的满足感。我们知道这不仅仅是一个比赛，一个可以咬咬牙就完成的比赛——它需要数月的专门培训。我们不仅要训练我们的肌肉骨骼系统，以使它能承受高冲击，还要训练心血管系统，以使它能够给我们的肌肉提供足够的氧气和能量，为了完成最后一段距离和比赛，我们也要教会我们的身体能够有效地使用身体能量。

在马拉松比赛中，你是和自己赛跑。与短跑比赛不同，多数人不会介意他们在比赛中排在第50名或5000名；他们更在意的是实现为自己设定的时间目标，以5小时、4小时或3小时设的目标。冲破障碍，完成比赛，这是巨大的个人成功和满足。为了达到你的目标，你不仅要做好充足的准备，同时也需要一个良好的比赛计划并完美地执行它。

### 为了我的女儿完成比赛

2002年，我的右膝外侧半月板骨折，速度训练对我而言变得困难起来。然后我决定将我的梦想设为完成马拉松比赛，而马拉松比赛速度并不重要。我设定的首要目标是要赢得新加坡马拉松男子（当地）类别赛。以10公里32分和21公里1小时15分的时间点，我赢得了2004年新加坡马拉松男子当地类别赛的冠军，成绩为2小时45分3秒。这次比赛的胜利激励着我，在2005年连续2次赢得马拉松比赛冠军。

没有一个新加坡人曾经连续三年获得新加坡马拉松比赛冠军，但我渴望连续三次可以获得冠军。连续三次夺冠并不容易，膝盖的伤病对我的训练产生一定的阻碍，我在苦苦挣扎。2006年5月14日，我的妻子生了一个漂亮的女儿，这个小天使的降临让我忘记膝盖疼痛，并激励着我刻苦训练。在2006年的那场比赛，我希望我能抱着我的女儿站在冠军的领奖台上，是这个愿望使我一路奔跑冲过终点线。就这样，我连续三次赢得新加坡马拉松比赛冠军的梦想成为了现实。

当你找到一个原因去完成它，一切皆有可能！


**G. Elangovan**

前国家中距离赛跑运动员

跑步教练

三次新加坡马拉松当地男子类比赛冠军得主

# 02. 人类跑步机制
>>Philip Tan & Fabian Lim 编写

一个人不会在一夜之间成为一名马拉松运动员。耐力跑步需要一段时间的训练。训练提供了一个刺激诱导使我们的身体逐渐适应这种运动强度，让我们成为更有效率的跑步者。

让我们首先了解下在跑步时我们的身体是如何运作的。我想通过查看与我们跑步相关的四个关键系统使其简单易懂：肌肉骨骼、能量、心肺血管和冷却系统。

## 身体系统

### 肌肉骨骼系统

跑步包括一系列的协调运动，涉及我们的肌肉骨骼系统，包括我们的肌肉、肌腱、骨骼和关节。肌腱，略有弹性连接我们的肌肉与骨骼，再通过韧带将骨骼连接起来。肌肉包含收缩元素，通过消耗能量来收缩。因此，肌肉收缩就像杠杆一样撬动我们的四肢。例如，大腿前方四头肌的运动有助于我们在跑步时臀部收缩和膝盖拉伸，而大腿后方的腿部肌肉运动效果正好与之相反。

每个肌肉纤维细胞含有活性肌动蛋白和肌球蛋白，三磷酸腺苷（ATP）提供肌肉收缩时所需的能量。线粒体，是细胞的动力室，脂肪和碳水化合物生成ATP，通过肌红蛋白将氧气带到细胞的表面。血红蛋白将氧气带到肌肉纤维血管，其中最小的部分是肌肉纤维周围的毛细血管。运动神经通过运动终板来影响肌肉纤维。我们的大脑和脊髓将电波传送到神经，引发肌肉收缩，因而控制各种运动（见图2.1）。

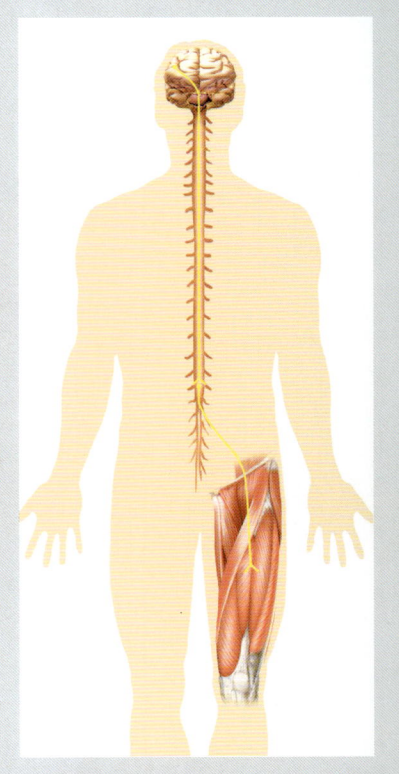

图2.1 我们的大脑和脊髓通过将电波传送到神经，引发肌肉收缩，从而控制各种运动

跑步时你的耐力和速度在很大程度上取决于你的肌肉能够产生多少能量和力量。一般来说，有两种主要类型的肌肉纤维，它们以不同比例存在于肌肉中。我们将这些纤维根据它们自身的颜色、它们含有线粒体的数量以及它们的收缩速度加以区分。Ⅰ型或缓慢抽动（ST）纤维是红色的，有高浓度的线粒体和肌红蛋白。另一方面，Ⅱ型或快速收缩（FT）纤维是白色的，线粒体含量低。ST肌肉纤维可以非常有效地从碳水化合物和脂肪氧化作用中生成ATP，在马拉松之类的耐力赛中经常会用ST肌肉纤维。FT肌肉纤维，能够比ST纤维产生更多的力量，容易疲劳是由于它们的耐力有限，因此该纤维主要用于有爆发力的、冲刺的比赛。

骨骼和关节是骨骼系统的重要组成部分。当我们跑步时，这些结构对我们的冲击力影响很大。即便是慢跑，这种是我们体重三倍的影响力仍贯穿在我们的骨骼系统中。

## 能量系统

当我们跑步时，通过肌肉收缩和放松协调模式来推动身体前进。ATP向肌肉提供能量来推动这项工作。碳水化合物或脂肪通过有氧（即需要氧气）或无氧（即不需要氧气）系统生成ATP。因此有三个能量系统，碳水化合物或脂肪系统，含ATP磷酸肌酸系统和无氧乳酸系统。它们将ATP传递给正在工作的肌肉：

1. ATP-PC（三磷酸腺苷磷酸肌酸）系统是紧急能量来源，因为它依赖储存在肌肉细胞中的现有ATP。当急需能量时，磷酸盐与ATP分子分离从而释放能量。然而，该系统在ATP耗尽之前，只能持续10秒钟，当你短期冲刺时，它会推动你迅速前进。

2. 当运动强度高时，无氧乳酸系统分解碳水化合物或脂肪生成ATP。缺乏氧气的情况下，它能生成ATP，但也能生成副产品——乳酸（乳酸盐）。因为我们的身体只能承受一定量的乳酸积累，所以只能在两到三分钟的时间内依赖于无氧乳酸系统。

3. 有氧系统对耐力运动员来说是最重要的，因为它是一种可持续而高效的ATP来源。与无氧乳酸系统不同，有氧系统需要氧气才能从碳水化合物或脂肪中产生ATP。

三个能量系统可以同时活跃，但根据你的跑步强度和持续时间的变化，它们的贡献会随之变化（图2.2）。

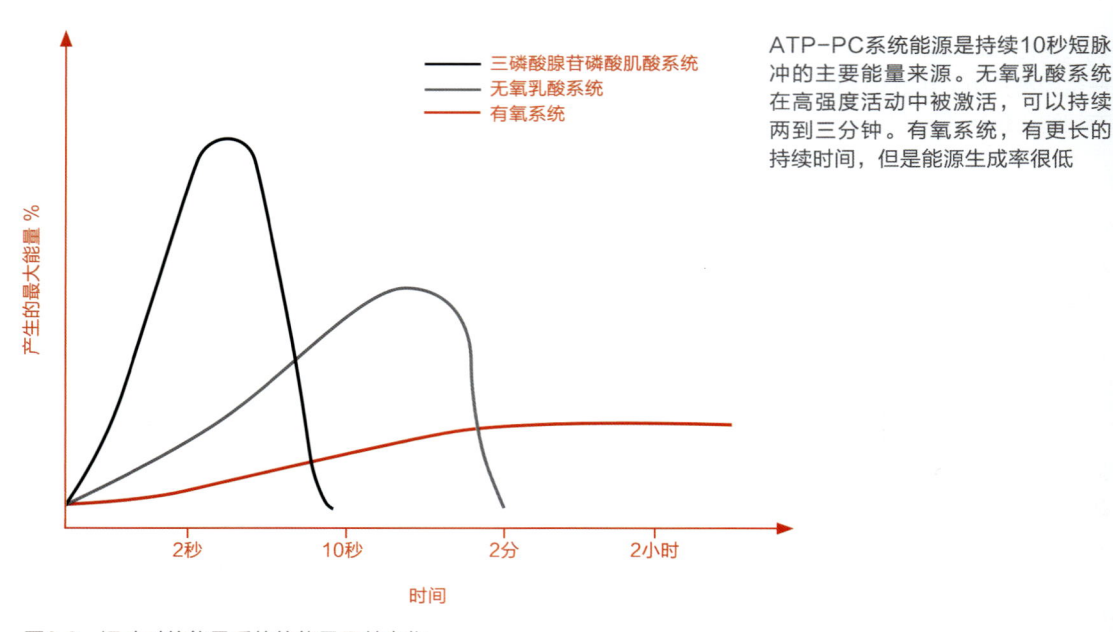

图例：
- 三磷酸腺苷磷酸肌酸系统
- 无氧乳酸系统
- 有氧系统

纵轴：产生的最大能量 %
横轴：时间（2秒、10秒、2分、2小时）

ATP-PC系统能源是持续10秒短脉冲的主要能量来源。无氧乳酸系统在高强度活动中被激活，可以持续两到三分钟。有氧系统，有更长的持续时间，但是能源生成率很低

图2.2　运动时的能量系统的能量贡献变化

三个主要能量或基质，即碳水化合物、脂肪和蛋白质。碳水化合物是我们身体的首选燃料，因为它很容易快速释放。碳水化合物（比如糖原和葡萄糖）主要储存在肝脏和肌肉中，那里贮存了约2000千卡（大卡）的碳水化合物。当我们持续运动时，碳水化合物会很快耗尽，通常是在30公里之后，那时候我们已经"跑不动了"。

另一种燃料来源是脂肪。脂肪与碳水化合物不同的是，我们的脂肪储备几乎是无限的。比方说你的体重是70公斤，你的身体有20%的脂肪，那么你会有14公斤的脂肪。如此大量的脂肪含有107800千卡的能量（1公斤的脂肪含有7700大卡），而我们只需要大约3000千卡就能完成马拉松！不幸的是，身体脂肪只能缓慢释放，我们跑步时由匀速变成快速时，我们不得不主要依赖于碳水化合物。

蛋白质，主要存在于肌肉中，它还可以经过燃烧产生能量。然而，我们的身体不愿意这样做，我们需要用到肌肉，特别是在我们从事体力活动时。因此，它不是一个主要的能量来源。

## 心血管系统

耐力跑步者的肌肉需要氧气和能量基质，这些都是由心血管系统传递到肌肉中的。吸入的空气中的氧气通过接触肺内细血管（毛细血管）被输送到血液。血液通过肺部的毛细血管释放出二氧化碳（能源产生的废弃物）并排出体外。同时，我们体内的红细胞中的血红蛋白吸收氧气并将氧气从肺部输送至所有细胞，最终进入线粒体，产生ATP。

而肺作为接口将空气中的氧气注入我们血液中的血红蛋白，心脏将血液输送身体各处，以便氧气从肺部可以直接到达肌肉。心脏的输出量，或者每分钟由心脏泵出的血液的体积，反映了该泵的有效性。对大多数人来说，泵送速度为5升／分钟。心脏的输出量取决于心搏量（每次心脏收缩时泵出的血量）和心率：

$$心脏输出量（CO）= 心搏量（SV）× 心率（HR）$$

给我们的肌肉提供能量所需的心脏输出量主要是取决于我们的配速。因此，如果两个跑步者以同样的速度奔跑，心脏输出量会相似，但拥有强大泵（即大SV）的健康跑步者的心率要比不健康的跑步者的心率低。较低的心率，使他们比不健康的跑步者承受更少的压力。

耐力反映了一个人的最大有氧能力或最大摄氧量。最大摄氧量就像汽车的发动机功率——越大越好，它受几个变量影响：

$$最大摄氧量=一氧化碳×动静脉氧差$$

动静脉氧差是在血液进出肌肉时氧浓度之间的差异，这反映了肌肉提取氧气的能力，反过来，它取决于毛细管作用（肌肉周围毛细血管的数量）和肌肉中线粒体数量。

虽然拥有大的"发动机容量"是有利的，但这必须考虑到车辆的型号，沉重的车发动机大，也无法开快。你想要的是拥有大型发动机的轻型汽车。因此，最大摄氧量的相关参数不是绝对的，而相对最大摄氧量公式是：

$$相对最大摄氧量=最大摄氧量÷体重$$

**冷却系统**

在剧烈的跑步中，产生的热量较日常增加了10～20倍。人体仅用从食物中获得的大约25%～30%的能量从事体力工作，留下约70%"浪费的能量"作为热量，通过血液循环将热量从肌肉运送至皮肤和肺部。接着，皮肤和肺向周围环境释放热量。在耐力比赛中，体温（温度调节）对成绩有着显著的影响。如果我们无法迅速地消除多余的热量，大脑接收到体温高（大约40℃核心温度）这一信号，会导致疲劳，影响跑步成绩。研究人员已经观察到，往往在比赛结束的时候，跑得更快的人的体温高于跑得慢的人的，这表明能够忍耐高体温有利于取得好的比赛成绩。在高温下而不是在凉爽的环境中，非洲本土跑步者会比白人运动员跑得快。在高温下奔跑，热量在白种人体内大量聚积，体温上升，导致这些跑步者为了防止过热，因而降低配速。相比之下，在相同温度下奔跑时，热量在非洲选手体内聚积的少，有了低热量的优势。这个优势让非洲运动员可以在快速奔跑的情况下，不会聚积过多的热量而导致身体过热。

除了肌肉产生的热量外，跑步期间影响体温的另一个因素是高效率奔跑。高效率奔跑者与低效率跑步者以同样的速度跑步，前者可以比后者消耗更少的能量。经济高效率奔跑将在第五章进一步详细地讨论。在跑步期间，高效率跑步者产生的能量较少，因而转化成的内部热量较少。

热量从身体中散发出去，80%是通过汗水的蒸发。汗水蒸发时从液态变为气态，这是由于较低的相对湿度所致。出汗，没有蒸发（如汗水滴在身体上），结果是液体损失但是并没有显著的热量排放。在一个凉爽的环境中跑步，跑步者会感觉更加舒适，但是记住，相对湿度也可能对凉爽的环境产生影响。例如，在新加坡，相对湿度是中午时最低（大约60%），大约凌晨1点最高（大约90%）。从对热应力的影响来看，凉爽的环境会制造出一种虚假的安全感。

热应力对心血管系统产生压力，为了散发热量，血液从肌肉流向皮肤。由于出汗身体上的水分流失减少了正在循环的血容量，进一步对心血管系统造成压力。从适中的速度到快速奔跑的出汗量大约每小时1～3升。汗水从身体流失，一些电解质（盐）也流失了。长跑期间如果无法补充汗水流失，血容量将收缩从而影响心脏输出量。通过更迅速地注入，心脏可以弥补低血容量（和压力），保持血液流向肌肉，这样跑步可以持续进行。这种通过补偿增加心率的方法，称为心血管循环转变，迫使心脏更加努力地工作。如果心脏输出量无法维持，那么跑步成绩会受到影响，会产生热损伤如热痉挛、热衰竭等不良反应，并很可能发生中暑。

重要的是要理解跑步中所涉及的关键系统，因为这些都是我们在训练过程中加以改善的系统。如果你盲目地训练但并不理解你在做什么，你就不会快速进步。关键的身体系统类似于赛车的一部分（见图2.3）。

|   | 汽车 | 人体 |
|---|---|---|
| ① | 底盘 | 骨骼肌肉系统（肌肉、骨骼、关节） |
| ② | 油箱 | 能源系统（碳水化合物和脂肪储备） |
| ③ | 发动机 | 心血管系统（心脏和血管） |
| ④ | 散热器 | 冷却系统（皮肤及肺） |

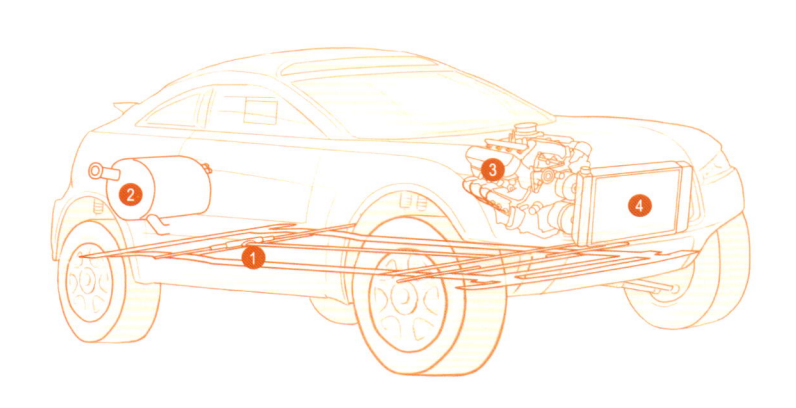

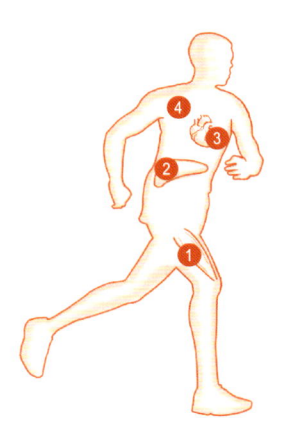

图2.3　跑步时身体的关键系统等同于赛车系统

## 适应性训练

　　训练的目的是使我们刚刚提及的跑步过程中重要的四个系统不断适应运动的强度。每个系统和结构的适应速度不同。例如，肌肉适应速度比骨骼快一些。适应需要时间，不能冲破一个最优率。身体的适应需要时间，必须有一个系统或结构习惯（如培训过度原则）以外的刺激或压力，刺激必须针对特定的系统或结构（即培训具体性的原则）。例如，骑自行车、跑步，刺激心血管系统；但它不够具体，对于跑步者来说骑自行车是没有什么益处的，骨头并没有承受该有的压力，这并不能够帮助其适应在跑步过程中所遇到的影响因素。下面是你从有规律的跑步过程中获得的一些循序渐进的变化。这些循序渐进的变化，取决于你有规律地跑步。

人类跑步机制　43

## 心血管系统

最早的变化是等离子体（血液减去血球）增加。等离子体体积的增加对你的体能是很有帮助的，因为它会导致心脏输出量的增加（见41页公式）。等离子体体积的扩张在你开始训练一周内可以察觉到。但人们常说，来的容易，去的也容易。当你停止训练后，你的等离子体体积在两天内开始缩减，这展示了可逆性的训练原则。

血液中血红蛋白含量也会增加，同时增加了血液运输氧的能力。

心脏的肌肉会逐渐地增加，尤其是左心室，这是心脏最重要的部分。因此，耐力运动员从字面上被称为"大心"。就是拥有更强大的泵，心搏量和心输出量增加让你在跑步过程中可以为工作的肌肉输送更多的血液。

## 肌肉骨骼系统

最重要的一个适应性变化是每一块肌肉纤维周围的毛细血管（即毛细管作用）数量的增加。这将使更多的气体、营养物质和废物在血液和工作的肌肉纤维中进行交换。肌肉纤维中的肌红蛋白含量也会从75%增加到80%，这使得更多的氧气在细胞膜和线粒体之间往返。最后，线粒体数量也会增加，规模也会扩大，效率也会提高，从而改善了肌肉生成ATP的能力。

在训练过程中，肌肉也变得更强壮和更有弹性，减少了损伤。同样，肌腱也变得更强大，肌肉牢牢锚定到骨头。

跑步是一种高负荷的运动。必须承受反复的重负荷，骨骼也必须变得更有弹性来应对这种负荷，否则容易发生应力性骨折。在我们的骨头中，有微小的支架给它力量。面对反复的重负荷，这些支架能够被改造，它们再吸收（这意味着它们被分解，然后被重新吸收）重组成新的形式，从而使骨头可以更好地容忍压力。长骨头的直径增加，使它们能够承受重负荷。矿物含量（即钙）也会增加，这就是为什么推荐负荷运动来预防骨质疏松或骨质流失。骨骼比肌肉适应慢，所以我们必须循序渐进地增加我们的里程——如果你每周可以跑10公里，那么几年后，你便可以每周跑100公里。

## 能量系统

正是前面所提到的，碳水化合物是我们主要的能量来源，而我们只有有限的碳水化合物。幸运的是，随着坚持不懈的训练，你的肝脏和肌肉能够存储更多的糖原。有了更大的能量储备箱，你将能够跑更长的时间。

另一个训练的适应性是使脂肪更快地调动起来，从而补充碳水化合物提供的能量。如果我们能够更好地运用脂肪，就可以在运动中减少对碳水化合物的依赖。碳水化合物的节约可以使你远离疲惫，不会很容易跑不动。

尽管对于长跑运动员来说，这些十分关键，但这些生化适应常常被忽略，慢速长跑的适应能力，与中距离跑运动员和短跑运动员的适应力是不同的。

## 冷却系统

温度调节的改善会使跑步者在跑步时有较低的体温，从而延长跑步时间。温度调节可以通过一个叫热适应环境的过程得以提高。在高温下坚持跑步10～14天，使跑步者身体有适应能力，可以跑得更快。3～4天后可以观察出生理的改变，14天后可以观察出最微小的改变。

在对高温的适应过程中，出汗量会增加。因此，训练适应性是通过出更多的汗，而不是减少出汗量使我们体温下降。由于人体无法储存水分，对高温适应了的跑步者需要喝更多的水来弥补出汗量的增加。在比赛开始时，身体水分充足，但随着时间的推移，如果我们不补充流失的水分，就会变得容易脱水。因此，在比赛中，水分策略对获得最佳成绩至关重要。

电脉冲穿过我们的神经和肌肉，为保持电力系统稳定，神经和肌肉四周的电解液（如钠、钾、钙、镁）浓度也必须保持在小区间波动，否则会产生不良反应。例如，低钙血症（血液中的钙含量低于正常范围）使我们的肌肉发生痉挛；低钠血糖（血液中的低血钠浓度）导致大脑肿胀和诱发昏迷。由于电解液浓度对人体的功能至关重要，通过减少出汗时电解质的流失量，从而保护电解质，最终我们的身体会适应定期训练。

# 03. 衡量您的健康指数
>>Philip Tan & M rameshon 编写

这本书讲述的是训练策略。教练可以在现场或实验室进行测试，并根据对培训结果的评估，来逐步调整跑步者的训练项目。顶尖运动员和业余选手都可以来做这项测试。

- **发现劣势**。主要目的是让跑步者清晰地知道自己的优势和劣势所在。这包括鉴定影响长跑运动者成绩的主要因素，测量这些因素，然后与基本点进行比较。项目训练可以弥补劣势、保持优势。
- **监控进度和培训效果**。通过定期适当地重复测试，教练或者跑步者可以评估该项目的有效性。
- **预测性能的潜力**。一些国家基于某些人体测量出的能力和／或生理能力，成功地识别出哪些人可能适合长跑。然而，人才识别从来都不是100%准确的。

实地测试方便但不准确；实验室测试复杂且昂贵，但准确性高。

## 现场测试

最简单的现场测试是记录完成各种距离跑的用时。马拉松运动员经常用跑1公里、3公里、5公里、10公里、15公里、21公里所用时间来预测他们跑完全程马拉松所需时间，监控他们的训练进度。参考表可用于根据不同的距离来设定相应的完成时间。VDOT表中，其中一个有用的表是出自运动心理学家Jack Daniels所著的《Daniels的运行公式》一书[1]。

实地测试也可以用来预测最大有氧能力等生理参数。这样的例子包括the Cooper和Beep测试。然而，它们只提供了毛估值，这对于评估普通人和初级跑步者具有一定的价值；但对于调整顶尖运动员的训练项目来说，还不够精准。水平越高的运动员，要求的数据精准度越高。

资料来源：Daniel J. Daniels' Running Formula [M]. 2nd Ed Champaign: Human Kinetics, 2013.

## 以实验室为基础的生理测试

在过去，实验室检测是顶尖运动员的特权，但随着这项技术变得更便宜、更简单易操作，业余跑步者也可以从这样的服务中受益。商业实验室现在就可以提供检测，但自己去测试之前，请记住这些测试的价值取决于你是否会了解、分析并充分利用这个检测结果。当然你可以咨询运动生理学家、体育医生或专业的教练，让他们帮助你分析检测结果并根据结果制定相应的训练计划。

## 实验室测试的类别

生理测试可以直接或间接地在实验室里或者实地进行干预式或非干预式测试。实验室检测的优势是环境可控，而实地测试的优势是更好地反映了竞争环境。直接测试测量了实际的生理特性（如测量最大摄氧量，评估有氧能力），而间接测试测量了可替代性的生理特征（例如通过2.4公里跑步来反映有氧运动）。直接测试比间接测试更准确，但往往在现实中是难以实施的。干预式测试包括对肌肉组织的活检来确定肌肉类型，血液取样测量血乳酸水平。大多数测试，比如视频步态分析都是非干预性的。

## 四大系统

有很多因素可以影响一个长跑运动员的成绩，如果条件允许尽可能多的做测试项目。然而，最有效的可衡量的四个参数是最大摄氧量、乳酸阈值（无氧）、高效率跑步和视频步态分析。当我们进行有氧运动时，身体会变得越来越健康，那么最大摄氧量将会达到由基因确定的点。之后我们仍然可以通过提高乳酸阈值和高效跑步来提高自己的配速。

最大摄氧量，衡量我们的摄氧能力。最大摄氧量是指在最高的运动强度下肌肉中产生的最大氧气量。这类似于汽车的发动机——马力越大，消耗的燃料越多。所以如果你的肌肉可以使用大量的氧气，它表明你从肌肉输出了更高的功率。但是我们需要根据你的体重来看输出率，将一个强大的发动机安装到笨重的卡车上与安装在轻型赛车上相比，前者速度肯定不会比后者快。因此，对于跑步者来说，更重要的是相对最大摄氧量，就是绝对最大摄氧量除以体重。马拉松顶尖运动员的相对最大摄氧量能够轻松超过70毫升／分钟／公斤，而普通跑步者平均相对最大摄氧量为35毫升／分钟／公斤。

虽然最大摄氧量可能被认为是顶尖运动员在长跑中的先决条件，但它并不能保证最高水平的体育成就——该运动员是金牌得主还是银牌得主。

在跑步机上可以进行不同阶段测试，速度和梯度随之改变，直到你停止。当你跑步时，通过面具呼吸、新陈代谢或metalyzer（德国的一种心肺功能测试系统）测量你的氧气消耗量和二氧化碳排放量（见图3.1）。

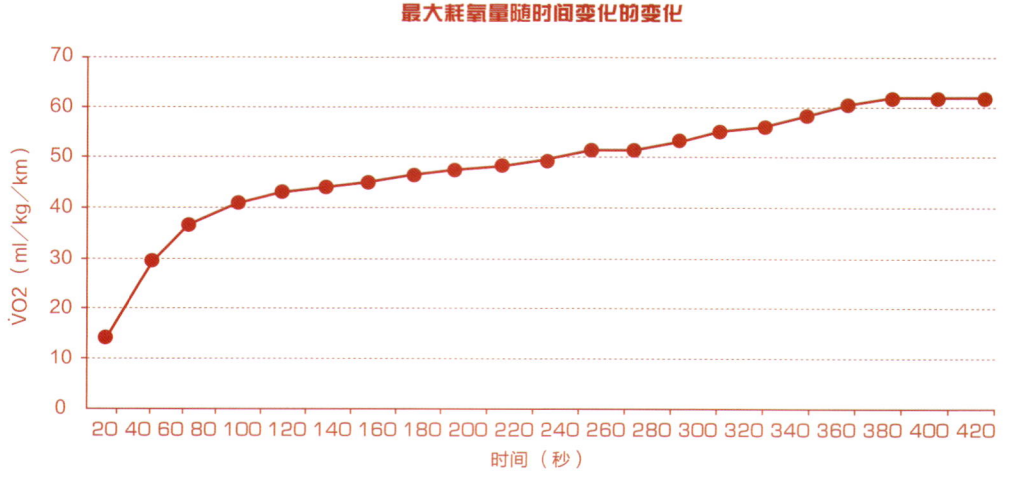

**最大耗氧量随时间变化的变化**

图 3.1　当跑步者速度增加时，耗氧量也随之增加，直到到达某个点后停止

测试大约需要10分钟才能完成，并且需要测试者从头到尾参与全程。除了测得最大摄氧量，也会检测你的最大供氧能力，即在什么速度时达到最大摄氧量。这是一个非常有用的数据，因为它准确地确定了最佳速度，运动员可以根据此速度做有氧间隔训练。

为确保更准确的测量最大摄氧量，选择直接测量（而不是采用间接测量，如在跑步试验期间根据心率预测最大摄氧量等方法），测试都使用功率计等专业设备进行极限跑，确保设备（例如metalyzer或气体代谢分析仪）为著名品牌，并请一位优秀的运动生理学家进行测试（见图3.2）。

在激烈训练时，肌肉会产生乳酸。人体不能长时间承受过量的乳酸，所以，长跑时要避免突破乳酸阈，这意味着乳酸阈越高，运动员可以更快。

在速度增加的过程中,体内的血乳酸在最初处于基准线(通常小于2.0mmol/L),随着速度越来越快,乳酸的合量开始。超过基准线,可以称超过的那个点为乳酸阈(见图3.3)。当速度继续增加,身体不能及时吸收和排出乳酸时,体内的乳酸会突然迅速积累,称为乳酸阈。

在增加运动试验中,血乳酸堆积通常用于评估训练的效果、设置训练的强度和预测测试者的成绩。进行测试时,跑步者必须完成30～40分钟的测试计划,最初以低速跑步,然后每五分钟增加1公里／小时的速度,直到选手无法继续。每个阶段之间,戳破手指测量血液中乳酸的浓度。这便获得不同配速下的血乳酸含量,如图3.3所示。

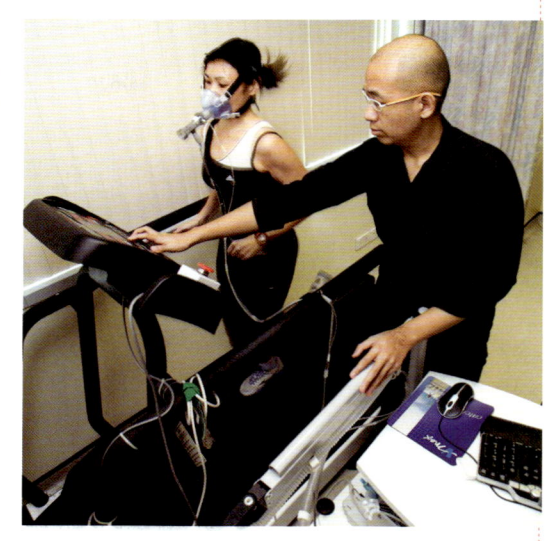

图 3.2 在樟宜运动医疗中心的运动心理学家在进行最大供氧能力测试

**不同速度下的血乳酸浓度**

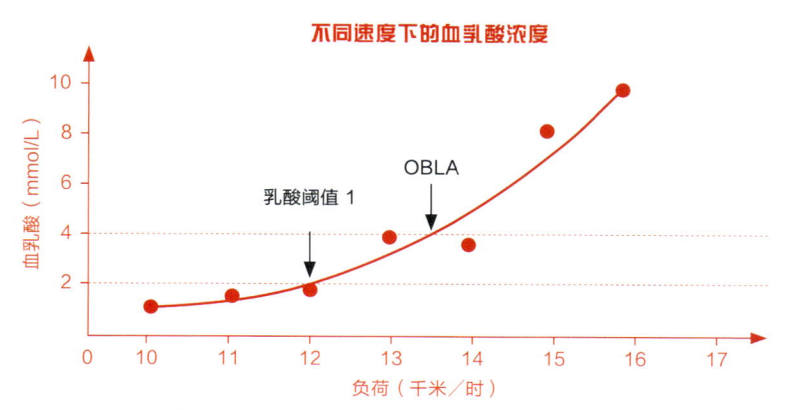

图3.3 不同速度下的血乳酸浓度。随着速度增加,乳酸增加,并显著高于基准线(乳酸阈1)。在速度进一步提高时,血液中乳酸也迅速积累,导致运动员产生疲劳等(乳酸阈或乳酸阈2)。

衡量您的健康指数 | 49

然而，如何实施测试和解释测试缺乏一致性。运动生理学家可能使用乳酸阈不同的定义、不同的负重运动的情况，从超负荷乳酸图中获取不同的方法来进行测试。

从乳酸测试获得的数据可以帮助相关高强度运动的训练提高。建立在耐力基础上的长跑运动，通常要在低于乳酸阈值的情况下进行。达到乳酸阈的速度也与一个马拉松比赛的速度相关。跑步可以提高身体对乳酸的承受能力，称为跑步节奏或阈值，通常在乳酸阈值或略高于乳酸阈值的情况下完成。OBLA和最大摄氧量之间的速度，也被利用在1200米到2000米之间的"巡航间歇"。

**经济型跑步** 通常定义为根据给定的配速度，根据在不同速度下的耗氧量来给予相应的能量。考虑到体重因素，运用经济型跑步的跑步者会消耗更少的能量，因此，在速度相同时，其耗氧量要比消耗性跑步者少很多。近年来，经济型跑步得到了更多的关注，由于人们认识到它可以更好地预测跑步成绩，甚至预测比具有相似有氧健身水平的顶尖运动员的最大摄氧量更加准确。

测试包括跑步者在跑步机上跑步，同时直接使用代谢分析仪测量耗氧量。随着配速的增加，耗氧量也在不断增加（低于OBLA），具体数据曲线如图3.4所示。

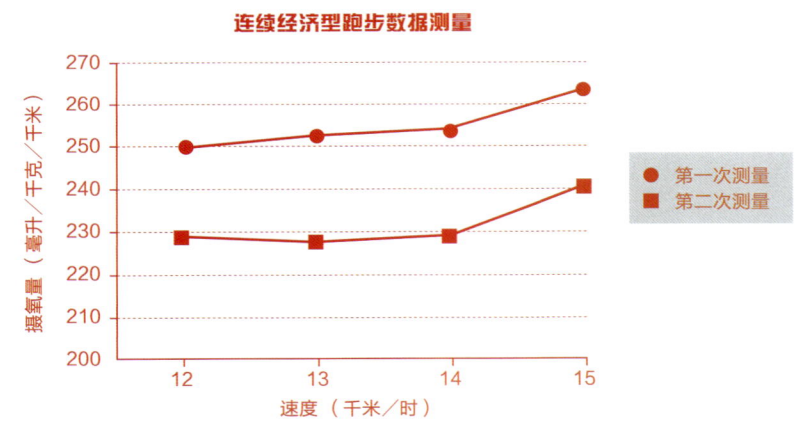

图3.4 对经济型跑步者间隔10个月分别进行的测试，表明经济型跑步对跑步本身有很大的促进作用。对于相同的配速，经济型运动员需要较少的氧气

如多次进行测量，则可以用最新的经济型跑步曲线覆盖之前的图表。如果最新的曲线低于前一次曲线，则说明你的跑步效率有了一定的提高。当然经济型跑步受肌肉力量和跑步技术的影响，第五章将介绍如何改善你的跑步效率。

对于顶尖运动员，经济型跑步通常是通过查看以毫升／公斤／公里的标准速度的最大摄氧量来做出评估。其中，男性跑步者为16.0公里／小时，女性跑步者为14.0公里／小时（跑步机1%梯度）。训练有素的男性运动员的平均最大摄氧量在16公里／小时的速度时是190毫升／公斤／公里。

**视频步态分析** 当跑步者在跑步机上跑步时，根据他的跑步步态从至少两个角度进行视频捕捉。将视频逐帧分析寻找跑步时出现的失误，及可能导致伤害或影响高效跑步的失误。步态视频分析的优点是更多的细节可以通过眼球捕捉。同时，软件可以用来客观地度量联结角度和位移（见图3.5）。

图 3.5　通过录像机进行视频捕捉步态分析

跑步技巧是经济型跑步的一个重要决定因素，通过纠正错误技巧，可改善高效跑步。第5章将详细讨论跑步技巧。

## 人体测量

相比其他体育运动，在同一年龄阶段，长跑运动员的体重是最轻的。一般的男性和女性的体脂百分比分别在15%～22%和23%～30%之间，而男性马拉松运动员的平均身体脂肪百分低于10%，女性不足15%。

身体成分可以用多种方式进行评估。某些更准确的方法，如液压称重和排气量，由于单调乏味，除了研究外不经常使用。双能量x线吸收仪（DEXA）包括一个10～20分钟全身扫描。它安全可靠，相对精确，但价格较为昂贵。

衡量您的健康指数

生物电阻抗分析（BIA）法便捷有效，原理是电流轻微地、不知不觉间通过数量可变的电极流遍全身。当脂肪阻碍电流时，肌肉可以轻而易举地传导电流。电阻抗的数量间接表明体内的脂肪含量。它迅速评估总脂肪量、脂肪百分比、去脂体重及基础代谢率。但是还有其他变量影响BIA，比如水含量和肠内含物等因素也会影响评估的准确性。一般来说，不建议用生物电阻抗分析连续监测身体脂肪，因为身体脂肪每星期、每个月都在变化，会导致评估结果不够准确。

测量皮肤褶可以准确而实用地评估身体脂肪。要使用专用卡尺来测量双层厚度的皮肤褶。通常要在不同的位置来测量身体的皮肤褶，这样才能更好地反映全身的脂肪水平。七处皮肤褶累加是指在七处指定位置的皮肤褶累加并以毫米为单位计量其总厚度，这是监控身体脂肪变化的一种有效方法。另外，将不同位置的皮肤褶的厚度值代入方程式中，可以推导出全身的脂肪比例，但这样得出的全身脂肪比例有一定的误差。据报道，皮褶厚度测量的误差在3%～5%之间，所以为了得到一致的结果，必须由训练有素的专业人士来测量你的皮肤褶。

# 04 训练计划
>> M Rameshon 和 Tan wei Leong 编写

乍一看马拉松训练似乎很容易——不断增加你的里程，直到你可以一次性跑完42公里！然而，我确信，每个跑步者除了要跑完比赛距离，本身还得具有某些先决条件。例如，每周你要保证在某一训练时间段内完成指定距离，在训练时间的上限内以最好的成绩完成训练，并取得相应进步。要满足这些先决条件，必须要明智、有效地训练。从本质上讲，我们需要制定一个训练计划，以最小的付出获得最大的结果。

尽管训练原则和运动科学原则基本一致，但是教练之间的训练计划依然存在着巨大差异。针对同一目标，可能会有大量不同的训练建议，这样对于跑步者来说，他很难得到关于到底如何训练的直接答案。建议不同的原因在于：①每个跑步者的生理和资质都存在着巨大的差异，所以很难拿出一个统一的训练计划；②只有当跑步者的运动测试结果（例如最大摄氧量、最大耗氧量、乳酸阈、经济型跑步、步态分析）是已知的，才能制定出明确的训练计划，但是大多数跑步者并没有进行相关的运动测试；③教练和跑步者经常对训练计划保密。因此，与其说跑步者的训练是一门科学，不如说它是一门艺术。我们不得不找出当前的共识，以使我们可以在眼花缭乱的训练方法中找到属于自己的方向。你不得不依靠感觉来进一步完善和优化训练方法。例如，我们每周可以进行25～35公里的慢长跑；你可以依靠自己的感觉，来感知身体反馈的最佳距离，确定你能够掌控的最佳英里范围。

## 设定目标

本书的目标读者为持续一年以上长期跑步，但现在希望以更加严格、更系统的方式进行马拉松或半程马拉松训练的人。所以如果你刚刚开始跑步，那么请有规律地进行训练。

你可以先完成一个10公里跑，然后再进行15公里跑，然后是半程马拉松跑，最后是一个全程马拉松跑。你可以在参加一个全程马拉松比赛前，先去完成2到3个半程马拉松，但是全程马拉松比赛的难度将是半程马拉松比赛的4倍，而不是2倍。

如果你的跑步经验不足，为第一场马拉松比赛做准备时，能完成比赛就是巨大的成功。而且在你第一次尝试时，不要急于迅速完成比赛。参加马拉松比赛前，准备时间至少要达到6个月，9～12个月更佳。

许多跑步者用完成半程马拉松的时间来预计完成全程的时间,认为全程马拉松比赛时间为半程的2倍,但他们忽略了完成全程马拉松比赛所要求的心理素质与半程马拉松或者1万米赛跑是截然不同的。

## 开始训练小贴士

跑步是最简单的运动之一。你所需要的是一双好的跑步鞋和轻便的衣服。你可以在任何地方、任何时候,独自或与朋友一起跑步。跑步开始时,请记住:

- 心情愉快——找到一个环境宜人的公园,享受新鲜的空气!
- 设定切合实际的目标——在完成长距离跑之前,先完成较短距离跑步。
- 不要期望可以迅速看到成果。跑步所给予的是一种延迟满足。
- 采取正确的精神态度——谁说感到疲惫是坏事?如果感到筋疲力尽,说明你已经竭尽全力,你可以表扬下自己。
- 跑步是一项社交运动,当你慢跑时,利用这个机会追上朋友和家人,与他们一起聊聊天。加入的一个跑步俱乐部是个不错的选择。
- 隔天再跑步,这样在下一次筋疲力尽之前,你可以有足够的时间来恢复体力。刚开始跑步时,每周跑2到3天为宜。
- 如果你是第一次跑,首先要步行和慢跑交替进行,如步行10分钟、慢跑5分钟等。
- 在早期阶段设定时间(即持续锻炼20分钟)作为你每次跑步的目标。不要担心距离或速度问题。
- 逐渐增加持续时间,直到你可以完成30分钟/次。
- 一旦你能做到这一点,那么就在持续的这段时间里,逐步缩短步行时间,同时增加慢跑时间(如步行10分钟,慢跑10分钟;然后步行5分钟,慢跑10分钟)直到你可以持续慢跑30分钟。
- 从现在起,逐渐增加训练时间或训练频率(即每周的训练天数)。
- 倾听身体和步伐——你身体的极限是什么?
- 跑步前,要热身、做拉伸运动,跑步后,要给身体降温、做拉伸运动。
- 跑步时要挺直后背(即避免弯腰驼背),抬头看看你身边的世界。

**Ghana Segaran**
中、长跑运动专家组主席
新加坡运动员协会主席

与后者不同的是，完成全程马拉松比赛所需的能量超过了体内碳水化合物储存的能量。如果你完成全程马拉松比赛的时间是完成半程的2倍外加10分钟，那么你已经做得非常好了。

对于已经可以完成马拉松比赛的跑步者而言，在最初几个马拉松比赛后，你的进步很明显。这时虽然你的速度提高了，但不要认为比赛完成时间会快很多。对于认真比赛的业余选手，比赛时间少于3小时，即在3个小时内完成马拉松比赛，就是不可思议的成绩，许多跑步者的梦想就是可以在3个小时内完成马拉松比赛。有些人实现了他们的梦想，而有些人没有。然而，追求梦想的旅程远比梦想本身更重要。

马拉松之美，最终在于你和自己的对抗——不断挑战自己的极限。每个运动员都有独特的生理结构去面对不同的外部环境，所以不要与其他跑步者相比较，并试图打破他或者她的时间记录。相反地，要专注于如何取得进步并发掘自己的潜力。

在你的训练日记里，写下你想要完成马拉松比赛的动力、目标、当前比赛类型或训练的时间安排、可利用的训练时间（或你愿意付出的训练时间）、好恶、优点和弱点。

"没有什么比在旅行中交到朋友更加甜蜜。如果训练中没有朋友和家人的支持，我不会取得今天的跑步水平并获得这样骄人的成绩。比赛后，一起长跑、一起聊天、一起吃饭——我很享受这样的生活，喜欢我们之间的种种承诺。最终的比赛结果并没有那么重要。在我的第四个马拉松比赛前，我设定了一个目标，要在3小时5分至3小时10分之间完成比赛，但是如果可以在3小时之内完成比赛，那对我而言将是巨大的惊喜！我很高兴在去年的新加坡马拉松比赛中，我与其他四名选手成功地在3小时之内完成了比赛，我希望这将激励更多的跑步者来实现他们的梦想，用越来越少的时间完成比赛。"

——Sivakumar在2008年新加坡马拉松比赛中，以2小时59分完成了比赛，成为了第五个在3小时内完成马拉松比赛的新加坡男选手

训练计划

"我要制定一个计划，为长远打算，为接下来的几年做准备，不仅仅是针对下一次比赛。从这里，我设定了中期目标、短期目标，甚至每一次训练的目标，来督促我进步。我的目标较为现实可行，例如下一次要比我现在的成绩略高一点。"

**Danie Ling**，以个人最好成绩2小时46分31秒完成了2007年新加坡马拉松比赛（当地男子冠军）。

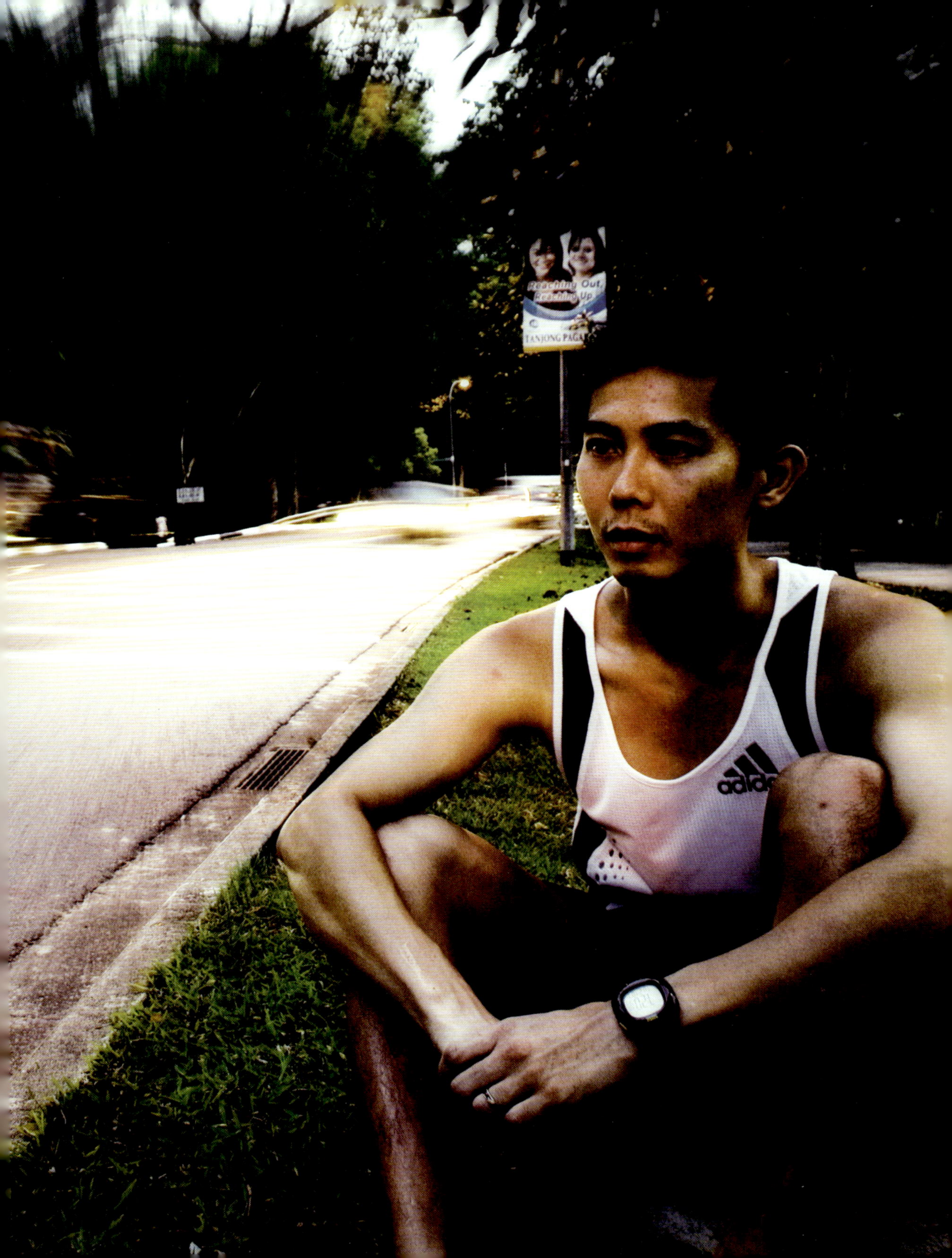
Reaching Out,
Reaching Up

## 训练目标

训练背后的意义是逐步引导训练适应性。具体来说包括：

1、肌肉、肌腱和骨骼能够承受跑步带来的重复负荷；
2、通过增加等离子体体积，增强心脏心搏量、增加血液红细胞数量，增强肌肉纤维周围的毛细血管作用，增加氧化酶，从而改善最大有氧能力或增加最大摄氧量，提高运输能力和摄取氧气的能力；
3、提高乳酸阈（即血液中没有较多乳酸积累，跑得较快）；
4、加快速度；
5、实现经济型跑步；
6、增加碳水化合物的储备；
7、提高身体性能，在跑步中更快地调动脂肪；
8、适应环境，或者提高身体散热能力；
9、形成适合自我的跑步节奏，在跑步中寻找最佳节奏。

## 训练强度

可以通过强度和跑量来描述跑步者的训练，即训练用了多大强度及训练了多久。训练强度可定义为最大心率（HRmax）百分比、最大摄氧量百分比或跑步频率／速度。

**最大心率** 以最大心率为基础规定训练强度，最大心率=220－年龄，这是最方便、最常用的公式。例如，如果你35岁，跑步时最大心率的百分比为70%，那么你应该保持心率是0.7×（220－35）= 130次／分钟。另一个变量是用心率储备（HRR）而不是最大心率来衡量，即心率储备=最大心率－静息心率。在测量训练强度上，心率储备的比例更加准确，通过心率储备来测量训练强度越来越普遍。

测心率时把手指放在手腕的桡动脉处或脖子上的颈动脉处，测量15秒以上，将跳动的次数乘以4就是你每分钟心脏跳动的次数。训练期间，跑步（长跑）时你可以停下来，或者你可以在每次训练的间歇时间测量15秒。这样测量心率比戴心率监测器更加方便。

你可以让心率监测器设置心率的上限和下限，这样，当你跑得太快或太慢时，就警报提醒你。在跑步机上跑步时，你可以在大部分机器上使用内置的心率监测器。

**最大摄氧量或最大耗氧量** 基于你的最大摄氧量来测量训练强度更为精确，但首先需要测量最大摄氧量。间接测量最大摄氧量（例如使用心率监测器的软件或现场测试）通常是不够准确的，你可以基于最大心率来设定训练强度，这样更为简单、精准。

**配速** 也可基于跑步频率设定训练强度，如用配速测量配速。可以参照每小时几公里（公里／小时），或者参照更常见的每公里耗时多少分钟（分钟／公里）。后者的意义是在马拉松比赛的过程中经常有公里标记，根据每公里耗时多少分钟，更容易判断你是否按照计划的速度跑步。

如果你接受直接最大摄氧量测量，达到最大摄氧量，即达到最大耗氧量时，你就可以保证速度。如果你测量过不同类型跑步训练所需的最大耗氧量，那么据此来设定你的配速是非常准确的。

## 训练量

训练量让我们想到了训练压力，尽管它并不是唯一可以带来压力的因素。为了监控训练效率、避免过度训练和运动伤害，跟踪每次和每周的训练里程至关重要。例如，你可能想要训练长跑，每次跑30公里，每周60公里。当使用术语"里程"时，通常是指每周的跑步里程。

或者，你可以监测跑步所花费的时间，如轻松跑花费40分钟或每周的训练时间为6小时。根据时间监测训练量这个主意不错，如果你刚刚开始练习长跑，相比里程而言，训练量能更好地评估训练压力。较慢的跑步者可能需要80分钟跑完10公里，而较快的跑步者只需要50分钟，因此即使在跑步距离相同的情况下，较慢的跑步者会承受更多的身体压力。

## 跑步训练类型

如果你想要提高比赛成绩，在设定的时间内完成马拉松比赛，就需要一个系统的、井井有条的训练计划。

训练计划包括几种类型的跑步训练，每一种训练都有其自身目标。如果你希望采用一种系统化的方法进行训练，第一步也是最重要的一步，是要了解每种跑步类型的意义所在。P61表4.1总结了每个跑步类型的目标。

## 基础跑

基础跑速度适中，强度（最大心率在65%～80%）较低，不会对身体造成过大的压力。持续时间为30～60分钟，这种类型的跑步通常是其他类型跑步训练的"填充物"，目的是为了弥补每周的目标训练里程。例如，在星期天你进行了长跑训练，星期三有个跟踪训练（跑道训练），然后有两个休息日，那么其他三天，就可以进行基础跑。

恢复跑，通常在高强度训练或比赛后的第二天进行，可以作为一种基础跑——20～30分钟的轻松跑，用以缓解延迟性肌肉酸痛（DOMS），加速身体复原。

在你的训练周期开始时，身体未受重负荷，大部分的训练时间可进行基础跑。基础跑训练强度低，非常适合打好基础或保持身体健康。

尽管强度低，但对肌肉骨骼系统适应重荷很有效果——即使是慢跑，跑步所产生的冲击力也是人体重量的两到三倍。对于基础较弱的跑步者，基础跑也可以提高有氧能力。而对优秀的跑步者而言，基础跑有助于维持有氧健身，因此在一场比赛即将开始阶段，基础跑意义重大。基础跑的另一个目的是帮助人体适应热量，所以当在炎热的天气里比赛时，跑步者会提前几天到达比赛地点，做一些基础跑，以适应炎热的天气。

表4.1 跑步训练的类型

| 跑步训练 | 目标 | 强度（最大心率百分比*） | 说明 |
|---|---|---|---|
| 基础跑 | ❶❷❽ | 65~80 | 30~60分钟或6~12公里持续轻松跑 |
| 长距离慢跑 | ❶❷❻❼❽ | 65~80 | 60~180分钟或12~38公里轻松跑 |
| 配度跑 | ❶❷❸❺❻❼❾ | 80~90 | 90分钟或25公里稳定速度跑 |
| 节奏跑（乳酸阈跑） | ❶❷❸❹❺ | 88~92 | 20~60分钟或5~10公里跑，强度大又不至于太累 |
| 有氧间歇跑 | ❶❷❹❺ | 95~100 | 3~5分钟或800~1200米往返跑，每次训练与休息比为1：1 |
| 速度间歇跑 | ❶❸❹❺ | 100 | 200~600米往返跑，每两次之间有足够的恢复时间 |
| 坡跑 | ❶❷❸❹❺ | 100 | 以上所有类型的跑步均在山地地形训练 |
| 法特莱克跑 | ❶❷❸❹❺ | 可变的 | 在不同的训练地形、训练坡度进行自由形式跑 |

\# 最大心率——最大心率等于220－年龄

❶ 肌肉、肌腱和骨骼能够承受跑步带来的反复负荷；

❷ 通过增加等离子体体积、增强心脏心搏量、增加血液红细胞，增强肌肉纤维周围的毛细血管作用，增加氧化酶，从而增加最大有氧能力或最大摄氧量，提高运输和摄取氧气的能力；

❸ 提高乳酸阈（即血液中没有较多乳酸积累，可跑得较快）；

❹ 加快速度；

❺ 加强经济型跑步；

❻ 增加碳水化合物的储备；

❼ 提高身体性能，在跑步中更快地调动脂肪；

❽ 适应环境，或者提高身体散热能力；

❾ 形成适合自我的跑步节奏，在跑步中寻找最佳节奏。

训练计划 | 61

## 长距离慢跑

为了避免跑步时带给身体过度压力造成损伤，长跑往往以远低于比赛速度的慢速度进行。与基础跑类似，长距离慢跑可以帮助肌肉骨骼系统适应跑步带来的冲击，同时增加有氧能力。由于长距离慢跑持续时间较长，长时间慢跑中获益良多，最重要的是会使人体发生生物化学变化——扩大了碳水化合物的储备量，能够更快地调动脂肪进行运动。这些适应性让我们体内贮存的能量为肌肉的长时间运动提供燃料以完成像马拉松比赛这样的长距离跑步。跑步者都有一个疲惫点，而长跑就是在这个点后充分利用身体适应性继续向前跑，即碳水化合物的贮存耗尽时，迫使身体调动脂肪来继续完成比赛。这就是长距离慢跑的里程可以从20公里延伸到38公里的原因。

长距离慢跑的另一个目的是树立个人信心——如果你能在训练中一次性跑完38公里，同时身体没有任何不适，你可以告诉自己，你只需要再多跑4公里就可以完成比赛。

如果你不能一次性跑完20公里，你可以根据自身能力完成相应里程（例如12公里），你可以从这个里程开始，逐步完成更远的跑步里程。当长距离慢跑逐渐延长到2个小时时，要警惕身体是否受到过度伤害。

有些跑步者进行的是"超长距离"的训练，42公里长跑，对他们而言，实际的马拉松比赛距离就变成小事一桩。所以为了达到进一步的适应性，他们需要进行超长距离的训练，这样的跑步者经验丰富，身强体健。对于大多数跑步者，长跑距离为30～35公里足矣，如果超过38公里，只会适得其反，因为训练过度时，身体会受到伤害，反而不能达到健身目的。

绝大多数跑步者每周只做一长跑，时间通常安排在周末。一些跑步者会在一星期的中间时间做长跑训练，但通常这时候的距离是周末跑步距离的四分之三。长跑距离应当是每周里程的25%～30%。

## 配速跑

在耐力跑中，速度至关重要——最优的速度将帮助你达到个人的最佳成绩。大多数人会基于我们之前的比赛时间和比赛中的感受来估计最优速度。举个例子，如果你刚好在4个小时（即5：40分钟／公里或10.5公里／小时）轻松地完成了马拉松比赛，那么你可能希望能够以5：20分钟／公里或11.3公里／小时的速度，在3小时45分钟完成马拉松比赛。比赛的速度一般为跑得快的人达到最大心率的90%，而跑得慢的人达到最大心率的88%。通常，跑配时间少于90分钟或者距离少于25公里。

如果你已经完成了半程马拉松比赛，想要完成首个全程马拉松比赛，那么有一个简单的经验法则就是你设定的目标应该是半程马拉松时间的2倍另加10分钟，这就是完成全程马拉松比赛的时间。例如，你在2小时内完成了上一次半程马拉松赛（即5：43分钟／公里），那么你的全程比赛目标是以5：55分钟／公里的速度在4小时10分钟完成马拉松比赛。前马拉松世界纪录保持者Paul Tergat以2小时4分55秒完成了马拉松比赛，他提出了更为保守的推测，估计全程马拉松比赛的速度要比半程马拉松比赛慢百分之十，例如，你完成半程马拉松比赛的时间是2小时，那么全程马拉松比赛的速度应该比半程低10%，就是比5：43分钟／公里或6：17分钟／公里慢10%，最终完成时间是4小时25分钟。

大多数跑步者采取在整个比赛期间控制配速的策略。控制配速可以使跑步者在比赛中适应跑步节奏。

跑步者应该充分掌握配速，保证无论在任何条件下都能在比赛期间保持相同的速度。通常，大量人群、天气条件、周围其他跑步者的速度、疲劳以及不准确的距离标记会阻碍我们预定速度的完成，使我们不能在目标时间内完成比赛。速度跑也用于模拟比赛条件，同时可以训练如何获取水分和能量。

## 节奏跑（乳酸阈跑）

节奏跑（乳酸阈跑），是在持续的、既感觉到足够的强度又不至于十分疲劳的状态下，以稳定的速度完成5～10公里的跑步里程。血液中乳酸随着配速的增加而逐渐累积。超过一定速度，乳酸无法保持稳定状态（也就是说，在同样的速度时，身体无法吸收或排除产生的乳酸），乳酸迅速积累，当累积到一个点时，跑步不得不停止（P49图3.3）。这一点称为乳酸阈（乳酸累积或乳酸阈2）。节奏跑是一种有临界值的跑步，即配速达到或略高于乳酸累积。因此，节奏跑只能在有限的时间内进行。

节奏跑主要是针对跑步对无氧体系的影响，训练身体能够迅速清除乳酸。随着身体的逐步适应，乳酸阈逐步升高，此时，在同样的时间里，跑步者可以保持更快的配速。节奏跑还反映了一个心理效应——它可以培养跑步者忍受乳酸累积带来的疲劳的能力。因此，节奏跑是长跑运动员最富有成效的跑步类型之一。

在实验室掌握乳酸概况可测量你的血乳酸累积和血乳酸累积阈时相应的配速（参见P49～50）。但是如果你没有进行乳酸概况测量，另一种选择是跑10公里赛程，因为这接近于血乳酸累积阈值时相应的配速。如果你从来没有完成10公里跑步，那么尝试一下。

节奏跑要以较短距离开始训练，比如3公里。用10公里配速进行训练，并在全程训练中保持一个稳定的速度。不要在开始时，就以太快的速度跑步，否则你将无法在全程中一直保持这个速度。每两周或更长的时间，逐步增加门槛跑的距离，这样你就可以以10公里配速完成越来越长的里程。如果你能逐步延长达到乳酸阈的公里数，使之达到10公里，那么你将成为更具有竞争力的选手。实力更强的跑步者可以进行15公里乳酸阈跑。

在参加马拉松比赛之前，要进行相关的跑步积累，先报名参加距离较短的比赛，如5、10和15公里赛跑，把它们当作你的"节奏跑"（它们实际上比节奏跑速度要快一些）。把它们作为一个标尺可以很好地衡量你的进步，也可以很好地预测出你的马拉松比赛成绩。举例来说，如果你能在40分钟以内完成10公里比赛，那么你就会了解到要想在3小时内完成马拉松比赛是十分困难的。如果你想在4个小时内完成马拉松比赛，那么你需要在52分钟以内完成10公里比赛。

> "长跑运动员最重要的特征是耐力——能够在一个长期的、艰苦的过程中一直奔跑。有很多锻炼方法，可以培养耐力，如果你让我只能选择一种，我会选择节奏跑。"
>
> Murugiah Rameshon，
> 以2小时24分22秒完成马拉松比赛，是新加坡国内马拉松比赛记录的保持者

在长距离的比赛采用节奏跑非常费力。另一种提升阈值训练的方法称为巡航间歇跑法，这种方式可减少压力。此跑法的速度和节奏跑一样，与之不同的是除了必要的休息时间外，中间还要有几次间断，例如，用间歇跑方式完成10公里时，就是用节奏跑的速度先跑2公里，休息1分钟，然后再跑2公里。以此类推，共进行五次重复的2公里跑，每2公里跑后休息1分钟。每个巡航间歇应该在3～15分钟之间。当你不希望血乳酸下降太多时，时间间隔不应超过2分钟。巡航间歇跑有助于提高身体去除乳酸的能力。

## 有氧间歇跑

我们跑得越快，就给有氧系统增加更多的负担，直到达到最大有氧能力，或最大摄氧量。达到最大摄氧量时的速度就是最大耗氧量速度，这个速度高于乳酸累积，并接近最大心率的百分之百。如果我们在达到最大耗氧量时还继续跑，速度将会给身体造成重荷而不能持久跑下去。通过反复地以最大耗氧量的速度奔跑，身体可以逐渐提高了最大有氧量，从而提高有氧能力。提高了1%的最大有氧能力相当于配速也增加了1%。

当我们以猛烈的速度开始跑步时，需要用大约2分钟做有氧系统训练，来提高有氧系统的最大容量。这就是为什么每次有氧间歇跑至少需要2分钟或3分钟。如果我们维持最大耗氧量超过5分钟，那么血乳酸就会累积到很高的水平，迫使运动员放慢速度使其低于最大耗氧量。因此，每次有氧间歇跑训练通常要持续大约3～5分钟或800～1200米。

大多数的教练和跑步者更倾向于每次有氧间歇跑训练进行5分钟（1000～1200米往返跑），因为这将给跑步者更多的时间提高有氧系统的最大容量。在这种情况下，在每个训练回合需要花费2分钟达到最大有氧能力，为了达到最大有氧能力，跑步者通常会跑3分钟。另外时间间隔必须要足够长，才能让跑步者在下一回合的训练中达到最大耗氧量，这通常意味着跑与休息的比例是1∶1。每个训练回合应该是让跑步者既感觉到足够的强度又不至于十分疲劳的状态，或者非常接近你的最大心率（或达到你测量过的最大耗氧量）。例如，你可以做4次到10次的1公里往返跑。如果你需要4分钟才能完成每1000米，那么你每次跑步的休息间隔时间应该也是4分钟。因为通常有氧间歇训练都是使用的标准距离，所以，训练通常是在跑道上完成的。为每一次的配速设定目标，甚至要为每一次的往返跑设定目标。避免在进行最初的几个往返跑时用力过猛，而导致不能以最佳的速度完成后续的往返跑。

> "间歇跑训练绝对是使我达到个人最佳成绩的最主要影响因素。它是我越跑越快、越跑越远的关键。起初，以稳定的速度完成长距离跑让我提高了很多。但是后来，跑了1年或者2年的时候，这种方法并没有让我有更多的进步。在间歇性跑训练中，休息与爆发性跑交替进行，尽管十分残酷痛苦，但是这种方法使我突破了3个小时完成马拉松的目标。"
>
> —— Kumaravel，在2006年至2008年的新加坡马拉松比赛中，他分别以3小时28分17秒、3小时12分39秒和2小时58分13秒的成绩完成了比赛。当他在以3小时之内的成绩完成马拉松比赛的2个月后，他又一次在2009年香港马拉松比赛中，创造了2小时51分40秒的记录

## 速度间歇跑

速度间歇跑旨在提高速度和减少跑步中的消耗，而有氧间歇跑旨在提高有氧能力。随着训练强度的增加，训练回合往往是短距离跑，一般为200～600米。每一轮训练的配速应该远远高于比赛速度，让心率达到最大值。实际的速度取决于你为哪种距离的比赛而训练——10000米跑步者的速度要比马拉松运动员的速度快。对于马拉松运动员，跑步不应该是一个全程的冲刺，冲刺阶段的跑步技巧与马拉松运动员必须练习的快速巡航跑所用的技巧截然不同。

在这种短暂而激烈的比赛中，无氧系统发挥了很大作用，而有氧系统尽可能不参与（记住，需要2分钟达到最大有氧能力）。重要的是，在200～600米距离的比赛中，全程几乎都是以全速前进，这类跑步产生的高冲击力使肌肉不断变强，从而提高了配速。我认为这是针对跑步进行力量训练的一种形式。而在健身房里典型的阻力训练（重量训练）中，肌肉收缩的速度（如做压腿时）与跑步时肌肉收缩速度相距甚远。此外，跑步包括不同寻常的肌肉动作，在四肢受冲力而被迫拉伸时，肌肉试图收缩。这是腿筋肌肉运动方式的一个例子，当下肢向前运动时，腿部肌肉被迫拉伸，但与此同时，腿筋收缩，使腿部放慢了速度。这种偏心负载运动对腿筋影响巨大，痛苦到足以使人流泪。典型的阻力训练很难帮助肌肉承受跑步中产生的偏心负载。这就是速度训练存在的偏心负载和特异性。

速度训练也提高了神经肌肉的协调性，所以随着时间的推移，跑步者可以在相同的速度下，更加顺利而放松地完成比赛。体能和神经肌肉的适应能力都有助于身体在跑步中节省消耗，这是影响长跑运动员比赛成绩的一个重要因素。跑步者在更健康的经济型跑步中，跑得更快，同时消耗更少的氧气，因而消耗更少的能量。

最重要的是要在速度训练期间保持快节奏，间歇时间要充足，才能以良好的状态迎接下一次跑步。通常，跑与休息比例是1∶2到1∶4之间。在其余的间歇里，由运动员决定是否进行慢跑、走路或延伸训练——无论如何，一定要让跑步者获得充分休息，在接下来的跑步比赛中有一个最佳的状态。往返跑总距离不应超过8公里。不要在最初几个往返跑时速度过快，例如如果你重复做10次400米跑，那么你的目标是用相似的时间来完成每次的400米跑，而不是用时一次比一次多。与有氧间歇跑类似，速度间歇跑通常是在跑道上进行的，以便准确地测量跑步距离。

跑步技巧是速度训练中的关键，即便是马拉松运动员，也要在速度训练中不断改进、纠正存在的问题。为了在间歇跑训练中保持良好的跑步姿式，请看下面的指南：

- 视线集中在跑道的终点——隧道视野
- 头与脊柱保持在一条线上——抬头，挺直腰板

- 下巴微收（而不是上扬）
- 肩膀自然下垂，后背放松，与跑道垂直
- 手臂平稳向前、向后摆动（避免擦碰身体），轻擦汗衫，驱使手肘向后向远处摆动。手臂挥动的幅度，对男性来说，应该是从肩膀到臀部，对女性来说，是从胸部到臀部
- 肘部弯曲90°
- 手放松，手指轻轻合拢，拇指在最上面
- 身体躯干促使整个跑步运动平稳进行，观察中心位置，观察呼吸情况，观察中心脊柱。身体稍稍向前倾而不是弯下腰
- 把膝盖抬高，向前运动。随着下肢向前运动，臀部微微向前扭动，帮助腿部大步向前运动
- 让脚部进行一个抓地的运动。脚后跟、足中段、足前段的受力都在可以接受的范围内，着地点
- 要与重心持平，它会产生很强的地面反作用力
- 当前脚掌离地时，要充分拉伸后腿的膝关节
- 挺胸抬头，心态放松平和，同时确保最大的驱动力

## 坡跑

通过在山地地形处进行基础跑、慢长跑、速度跑、节奏跑，或者在上坡进行有氧间歇跑或速度间歇跑，你可以将肌肉的承载能力提高一个等级。对于跑步者来说，当他们在跑步过程中与斜坡产生的阻力对抗时，亦是一种阻力训练。坡跑锻炼可以开发更大的潜在力量和优势，进而在跑步中减少大量消耗。坡跑训练还可以提高跑步技巧，因为坡跑时，跑步者身体前倾，肘部向后摆动，膝盖抬得更高。

**警告：在尝试坡跑前，需要有一个非常坚实的跑步基础。**

下坡跑促进速度和加速度的提升，但会受到更大的重荷和偏心负载的影响。跑步者参加波士顿马拉松比赛时，由于长时间处于下坡跑，他们经常抱怨肌腱疼痛严重。所以，如果你参加越野跑比赛或者山区比赛，你不得不与上坡相抗衡，但是下坡跑步时就变得容易了。如果你正在准备的马拉松比赛是一次坡跑比赛，那么你需要做的就是把坡跑训练加入到你的训练计划中。

## 法特莱克跑

法特莱克跑，在瑞典术语中的意思是"速度跑"，它是一种自由形态的训练方式，由一个多样的变速混合跑组成，可以从轻松跑到速度跑、节奏跑，甚至速度间歇跑，所有的这些组成了法特莱克训练法。例如，当你要参加的跑步是在山区、越野地形，或者要参加山区交替速跑——跑步强度应该根据你参加比赛的斜坡的梯度和长度有所变化。突然变化的速度会训练你的身体从一个跑步模式／速度变到另一个跑步模式／速度，让训练不再单调乏味。

## 跑步演练

跑步演练有助于提高我们的运动模式。某些运动常常被夸张地认为可以在演练中养成某一习惯（如抬高膝盖），激活特定的肌肉（如肌腱）和运动辅助肌肉，并以此来达到更好的肌肉平衡（例如向一边交叉大步走）。下面来描述这些演练。

这些演练通常开始于训练阶段之前，目的是为了让肌肉燃烧，从而让身体进入一个更好的跑步状态，迎接接下来的训练。这些演练应该于强度训练前进行，比如有氧间歇跑或速度间歇跑，但也可以在所有的训练阶段前完成这些演练。每周至少进行一次这样的演练。

在做演练前，要做5到10分钟的轻松跑热身，接着做一些拉伸训练。在平地上或者稍稍倾斜的上坡处跑50米，按照下面的顺序进行训练，慢跑回到起点，再开始下一次的练习。

### （1）大力蹬地

目的：调动小腿肌肉
动作：当你跑步时，用最大的力量蹬地

### （2）踢屁股

目的：调动大腿后部肌肉

动作：如图所示，将脚后跟用力踢向臀部

### （3）膝盖抬高（跳跃）

目的：调动臀屈肌，促进膝盖向上抬高的能力，使脚更好地着地

动作：如上所述，再加上将膝盖抬高时，向前摆动，大腿与地面平行，小腿与地面垂直，脚踝弯曲

### （4）向后抓地

目的：更进一步地调动腿后部肌肉

动作：综上所述，膝盖向前摆动时不断伸展，落地前脚往后方拉伸

## （5）横向交叉

目的：调动髋关节处的内收肌、外展肌及躯干处的回旋肌

动作：当横向慢跑时，前脚掌着地，把你的左脚交叉放在你右腿的前面；然后右脚向右边迈一步，然后左脚交叉放在右腿的后面，再向右边迈一步，并重复上面的步骤。从右边做一次，再从左边做一次

## （6）迈大步

目的：调动所有的跑步肌肉

动作：阔步向前，尽力迈得更远、更高，同时让大腿远离地面

### （7）加速跑

目的：在一个更自然的步态下，激活所有的跑步肌肉
动作：由慢到快跑完50米

## 训练周期

如果我们采用一成不变的培训计划将会发生什么呢？为了应对持续不断的训练负荷，跑步者的身体会进入瓶颈期，在这个阶段，跑步者的成绩会有所下降。在短时间内，身体进入"超量恢复"阶段，在这一阶段，跑步者逐渐适应了训练的负荷后成绩得以提升。适应了训练负荷后，很快进入稳定时期。如果训练负荷发生变化，身体会进入不良适应阶段，在这一阶段，很多不良问题如过度训练、过度训练损伤、慢性疲劳等带来的不适感，会使跑步者痛苦不堪。

## 不同的训练强度和训练量的益处

设置不同的训练强度和训练量（里程）来避免不良适应阶段出现，并将整个训练计划分为周期、阶段和时期。因此，出现了术语周期（周期性训练）。在每一个训练周期，训练强度和量会逐步发生改变。这在许多方面使运动员获益：

- 一个跑步者的状态会周期性地起伏变化。会有状态好（感到精力充沛，训练时表现良好）的时候和状态差的时候——任何人都不可能一直处于最佳状态。周期可以帮助修改训练强度和训练量，这样会符合跑步者的固有周期。因此当跑步者处于疲劳状态时，要适度减少训练强度，可以逐渐减少训练强度和量，让跑步者及时恢复体能，来迎接重要的比赛。当跑步者精力充沛时，以较强的训练强度进行训练。

- 大量和低强度的训练通常适用于每个周期的开始阶段，因为它有益于改变身体肌肉群成分，为跑步者在之后的周期循环训练中承受更高的训练强度做好准备。
- 周期末期阶段的训练量少、强度高，可以降低过度训练的风险。
- 每个周期过程中的变化是为了防止跑步者士气低落。不同训练量和强度促使神经肌肉系统不断适应训练负荷。

## 如何将我的训练划分为不同阶段？

设计一个周期化的训练计划需具备丰富的实践经验，要经过不断地摸索和尝试。它不仅仅是一门科学，更是一门艺术。简单来说步骤如下：

1. **确定你想在哪场或哪几场比赛展现巅峰水平**。在一年内，你可以有一个或两个主要巅峰和两个小巅峰。通常，马拉松跑步者一年内会在一个或两个马拉松比赛中达到巅峰状态。从你训练的开始，到最后一个主要训练项目，这形成了一个大周期，通常要一年以上的时间。

2. **把你的大周期训练分为多个中周期**。每个中周期最好能够到达一个小高峰（例如10公里跑或半程马拉松比赛）。每个中周期应该持续大约两到三个月的时间，所以中周期的数量取决于你大周期的长度。每个中周期都建立在前一个周期的基础上，因此跑步者会逐渐变得更强。

3. **将每个中周期分为准备、竞争和过渡时期**（P74，图4.1）。当然，主要的比赛应该属于竞争时期（比赛季之前和比赛季进行中）。你可以在准备时期（淡季），参加一些小型的、次要的比赛。在过渡期间不要参加任何比赛（直接竞争的后期阶段）。

4. **以轻松的里程开始（如峰值一半的里程）**。在准备期间，迅速使身体适应高里程、低强度的训练。强度逐渐增加（例如添加快速跑、节奏跑、间歇训练、坡跑训练等），训练里程相对减少一些。准备阶段进一步划分为第一耐力阶段（耐力-1）、强度阶段、加速阶段、第二耐力（耐力-2）阶段和锥形阶段。

   **耐力-1** 从基础跑和长距离慢跑开始训练，不断积累里程，进而减少多余的脂肪，增加有氧基础和高强度训练后的肌肉骨骼系统条件。每个人的耐力-1的时间各不相同，这取决于你已经跑了多久。有经验的跑步者有坚实的基础里程可以快速增加。初学者必须逐步增加里程，每周增加10%。

在**强度**训练阶段，速度跑、节奏跑、有氧间歇跑、法特莱克跑会被引入到训练项目中。跑步者选择哪种训练方式取决于自身需求。通常，每周执行一个或两个以上的训练项目（当然不是全部训练）。由于这些训练强度大，身体难以承受每周两次以上的高强度训练。初学者（例如在第一年的训练中）甚至可能希望完全放弃这些训练，只有在接下来的大周期训练中来进行这些训练。

在**速度**训练阶段，速度间歇跑、坡跑训练被加到每周的训练计划中，使训练强度提高了一个新的等级。同样地，这取决于运动员是否能承受这种高强度的训练。初学者可能不想在这一阶段做这些训练，只有把这些训练放在他们的第三阶段或随后的大周期训练中。

**耐力-2**　为了迎接大比赛的到来做最后的里程累积。为了使身体适应马拉松比赛中筋疲力尽的状态，里程加大而训练强度相应减少。例如，长距离慢跑增加到35公里，而训练强度下降为每周一次或每两周一次。间歇跑训练中减少往返跑的次数，节奏跑减少跑步里程。

最后，是**锥形**阶段，在这一阶段，训练保持高强度但里程应大幅减少（如减半），让身体逐渐恢复和充电。不要试图使这一阶段的速度比之前的训练阶段快。换句话说，锥形阶段不是用来设定个人最佳训练时间，尽管它很可能做得到。锥形阶段可以持续5～14天，这取决于个人的里程和身体恢复速度情况。里程数越高，身体的恢复率速度越慢，锥形阶段的时间就越长。如果这一阶段太长，那么身体状态不佳，如果这一阶段的时间太短，对于参加马拉松比赛的运动员来说，身体并没有完全准备好。

5. 在大多数运动中，比赛期可以持续几个月（如足球赛季，几个月里的每星期都有比赛），而对马拉松运动员而言，比赛期很短，长跑者不能在没有间隔的几个月里参加多个长距离比赛。正如前面提到的，通常的建议是每6个月参加一次马拉松比赛。因此，马拉松跑步者的比赛期通常包括调整、较短距离比赛（例如10公里或半程马拉松）和几个星期后的全程马拉松比赛。

6. 在第一周到第四周的过渡期间，跑步者应该充分地休息，从超过42公里的持续重荷中恢复过来。在这段时间里，鼓励跑步者参与无负荷的休闲运动（积极休息）。

7. **微周期**通常是周训练项目的代名词，在这一阶段，强度和里程每天都在变化。

举个例子，如果你在3月开始训练，旨在参加年末的新加坡马拉松比赛，你可以计划一个9个月大周期，使自己在这次比赛中及时达到最佳状态。你可以把9个月的大周期分成3个3个月的中周期。在每个中周期结束时，相应地选择比赛类型。因此，第一个周期（3～5月）可以在5月底举行的15公里激情跑中达到顶峰。第二个周期（6～8月）可以在8月份的陆军半程马拉松比赛达到顶峰。最后一个周期（9～11月）可以在12月的第一个星期的新加坡马拉松比赛中达到顶峰。

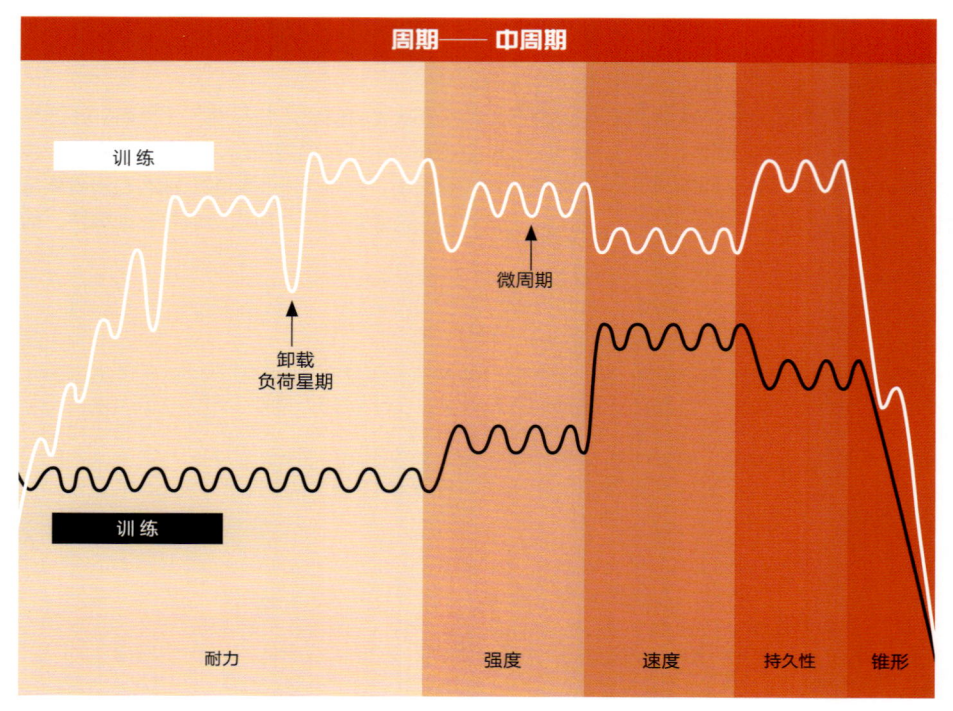

图4.1 一星期就是一个微周期。在这个例子中,每3个星期后,就有一个卸载负荷星期,这一星期里程减少,尽可能降低训练过度引发的受伤风险

## 有效地整合

当你熟悉各种类型的跑步训练并对周期训练有了一定的了解后,那么我们可以开始设计每周的训练结构。一个星期组成一个微周期,所以首先设计你每周的培训计划:①决定你需要休息的天数;②在每一天的训练中,分配不同类型的跑步训练;③计划好每次跑步的距离,最后达到每周的目标里程;④周期性。

## 休息日

图4.2显示了每次训练后，身体对训练刺激的适应能力以及超过基线的情况（超补偿）。然而，在四天之内，超补偿线会消退并返回到基线位置。如果下一个训练发生在前一个训练的四天后，那么跑步者的健康水平将会长期地在基线位置徘徊。然而，如果在适应性回到基线处之前，开始下一次训练，那么跑步者就掌握了之前的适应能力，并逐步提高他的健身水平（如图4.3所示）。这就是为什么训练必须要有规律性，而且每周训练如少于三次，健康水平则不会显著提升。

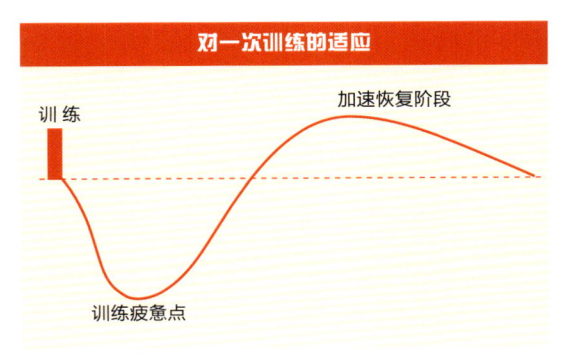

图 4.2 适应性随着一次训练而变化

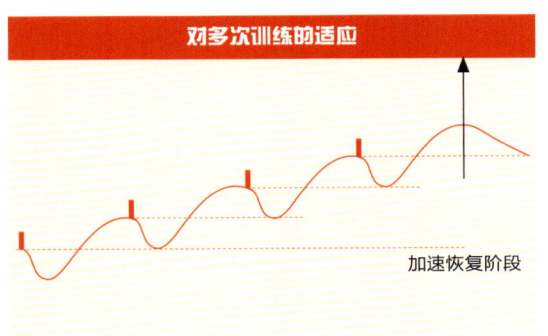

图 4.3 随着训练规律地进行，跑步者从前一阶段的训练中形成适应性，并逐渐提高健康水平

顶尖运动员有良好的健康水平基础，所以他们面临的挑战是在足够的训练刺激或压力下，使健康水平不断提高。一位顶尖运动员的记录是他平时每周完成200公里的里程，一旦他每周跑100公里，他的健康水平会下降。另一方面，业余跑步者发现，通过对身体施加压力可以很容易使身体获得适应能力。在某些情况下，面临的挑战是身体复原的速度不够快。

如果起点低（例如，如果你之前没有进行过跑步训练），训练开始时，每周可以跑3次。如果你已经有了一定的基础，一个星期可以进行5～6天的训练，这可以确保在承受压力和身体恢复之间有一个良好的平衡。身体非常健康的跑步者可能每周训练7天或者每天训练2次。

如果你每周有两个或两个以上的休息日，把它们充分利用起来，而不是连续地休息，这是一个很好的想法。这里，休息日指你不进行跑步训练的那几天——这并不意味着你什么也不锻炼。你可以在一天或几天的休息日里，做阻力训练，提高强度训练，做无负荷运动或伸展运动。这被称为"积极的休息"。

训练计划 75

> "倾听你的身体，不要沉迷于数字。重视质量而非数量，尤其是当你的时间不充足时。记住，休息本身也是一种训练——休息可以使身体恢复，变得更强壮。我深刻体会了其中的艰辛。由于体力的透支，我不得不在2005年时禁赛一年。"
>
> —— Jeanette Wang，
> 2次日落超长距离马拉松比赛（84公里）冠军，新加坡顶尖级铁人之一

## 跑步训练

假设你决定休息两天，那么你就要训练五天。你会如何用不同的跑步类型训练填满这五天？这取决于你希望强加给身体多少压力，及你的弱点是什么。

对于初学者，你的训练中一定要包括长距离慢跑，因为你此刻准备的是一个长距离比赛。长距离慢跑训练通常在周末进行，因为它耗时最多。

接下来，依据你的"训练年龄"和健康基础确定0～2天的强度锻炼。训练年龄是指你定期跑步的年数，例如如果你已经跑了两年，那么训练年龄就是两年。对于训练年龄不到一年的跑步者，其训练计划不包括强度训练的天数。在你的强化训练日具体做哪种类型的训练，取决于你希望加于身体多少训练压力，取决于你的弱点是什么。你的弱点可能是有氧能力低、乳酸阈低、配速低或者跑步中消耗大。这可以通过实验室测试和现场测试进行评估。如果不确定，可以从最小压力开始训练（即最低程度的强化锻炼），并不断加大训练压力。按照速度跑、乳酸阈值跑、有氧间歇跑、速度间歇跑、法特莱克跑到坡跑的顺序逐渐增加训练强度。

哪个更重要：是慢长跑还是强度训练？对于初学者来说强度训练是不必要的，因为不经过强度训练，你仍然可以取得巨大进步。对于中级和高级长跑者，长距离慢跑和强度训练都十分重要——长距离慢跑和基础跑的里程为跑步者进行强化训练奠定了良好的基础，强度训练增加了跑步者的力量，降低了跑步消耗，并提高了轻松完成长距离跑步的耐力。

设定休息时间之后，确定哪几天进行长距离慢跑，哪几天进行强度训练，然后在一个星期剩下天数里进行基础跑训练。下表是一个典型的每周计划或微周期计划：

| 星期一 | 星期二 | 星期三 | 星期四 | 星期五 | 星期六 | 星期日 |
|---|---|---|---|---|---|---|
| 休息 | 基础跑 | 基础跑 | 强度训练 | 休息 | 基础跑 | 长距离慢跑 |

*强度训练可以是速度跑、节奏跑、有氧间歇跑，或者速度间歇跑、法特莱克跑，坡跑训练

## 每周训练里程

接下来，决定你每周的训练里程。根据你的训练年龄，训练里程从20～120公里不等。作为一个参考，你每周的训练里程约为你真正比赛时里程的2倍。例如，如果你打算参加一个15公里的赛跑，那么你每周训练里程就是30公里。同样，如果为半程马拉松比赛做准备，那么每周应达到40公里的训练里程；为全程马拉松比赛做准备，每周应达到80公里的训练里程。如果你为第一个马拉松比赛进行训练或者如果你的训练年龄还不到两年，你不太可能可以承受每周80公里的训练里程，所以可以把每周的训练里程定为60公里。

在3小时内完成马拉松比赛的跑步者平均每周的训练里程是80～120公里。新加坡顶级跑步者每周的训练里程是160～190公里。世界一流的、顶尖马拉松跑步者通常每周的训练里程超过200公里。肯尼亚跑步者Paul Tergat是前马拉松世界纪录保持者（2003年柏林马拉松比赛成绩为2小时4分55秒），其每周训练里程达到260～280公里，有时星期训练里程几乎达到了300公里。虽然每个人承受能力不同，但是很少有人能够跑完这么长的里程而且没有受伤——跑步要根据自己的能力，倾听自己的身体。

为每次训练合理分配里程，以达到每个星期的目标里程。下面的训练记录显示已经计划好的每天的跑步里程，总计40公里。跑步者把实际里程、跑步时间和速度填写在空白的表格中。

| 中周期1 | 星期一 | 星期二 | 星期三 | 星期四 | 星期五 | 星期六 | 星期日 | 一周 |
|---|---|---|---|---|---|---|---|---|
| 训练 | 休息 | 基础跑 | 基础跑 | 强度训练 | 休息 | 基础跑 | 长距离慢跑 | 总计 |
| 日期 | 1月1日 | 1月2日 | 1月3日 | 1月4日 | 1月5日 | 1月6日 | 1月7日 | 1 |
| 目标（里程） | 0 | 6.0 | 6.0 | 5.0 | 0 | 5.0 | 18.0 | 40.0 |
| 距离（里程） | | | | | | | | |
| 时间（分钟） | | | | | | | | |
| 速度（分钟／千米） | | | | | | | | |
| 成绩 | 体重 | | 配速 | | 趋势 | | | |

**周期性训练**

为了使训练有一定的周期性，要为接下来的几个星期提前设定训练里程，这样可以使训练里程有周期性的进步。有两种常见的方法可以做到这一点：在训练周期里，训练里程在前三个星期是相同的，紧随其后的一个星期的训练中减少相应的训练里程，让训练变得轻松一些。在这一星期里，有意地减少训练里程是为了降低过度训练带来伤害的风险。另外一种方法是前三个星期的训练里程是逐渐增加的，紧随其后的一个星期减少训练里程（见图4.4）。

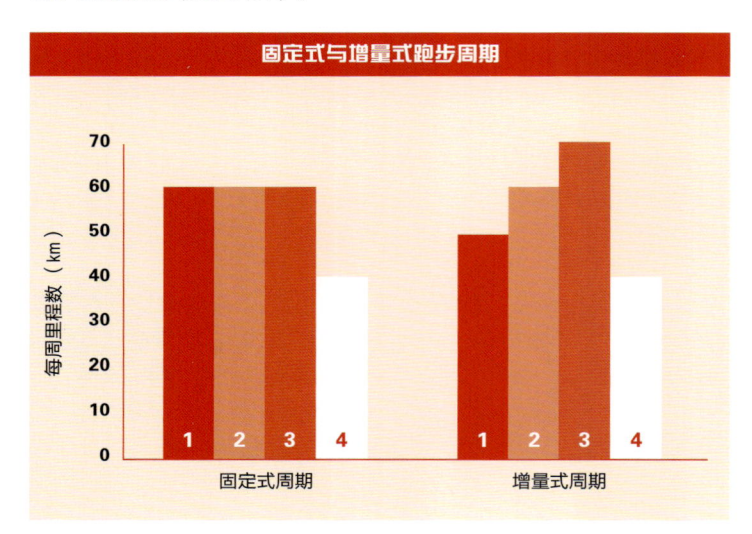

图4.4 两种不同类型的四周周期训练。在第一种周期中，前三周的训练里程是固定的；另一个增量式周期中，前三周的训练里程是逐渐增加。两种周期均在第四周均减少了一定的训练里程。

> "无论我为哪种比赛而进行训练，三项全能运动或跑步比赛，我的训练计划都是以四星期为一个周期。前三个星期不断加大训练强度，最后一个星期降低训练强度。每一个周期都比前一个周期强度更大，直到可以减少强度的时候。多年来我发现这个方法最适合我。周期性训练是明智的训练，你会知道何时要加大训练强度，何时要降低训练强度。"
>
> —— Jeanette Wang，2次日落超长距离马拉松比赛（84公里）冠军，新加坡顶尖铁人之一

对于长达四星期的周期，平均里程可以比前一周期的里程略高些，这一训练里程就可以不断地增加。下面的例子就演示了一种增量式循环，在这一循环中，目标里程或计划里程从40公里到45公里再增加到50公里，然后又回到40公里。

| 中周期 1 Training | 星期一 休息 | 星期二 基础跑 | 星期三 基础跑 | 星期四 强度训练 | 星期五 休息 | 星期六 基础跑 | 星期日 长距离慢跑 | 一周 总计 |
|---|---|---|---|---|---|---|---|---|
| 日期 | 1月1日 | 1月2日 | 1月3日 | 1月4日 | 1月5日 | 1月6日 | 1月7日 | 1 |
| 目标（公里） | 0 | 6.0 | 6.0 | 5.0 | 0 | 5.0 | 18.0 | 40.0 |
| 距离（公里） | | | | | | | | |
| 时间（分钟） | | | | | | | | |
| 速度（分／千米） | | | | | | | | |
| 成绩 | 体重 | | | 配速 | 节奏跑 | 游泳 | | |
| 日期 | 1月8日 | 1月9日 | 1月10日 | 1月11日 | 1月12日 | 1月13日 | 1月14日 | 2 |
| 目标（公里） | 0 | 7.0 | 7.0 | 5.0 | 0 | 6.0 | 20.0 | 45.0 |
| 距离（公里） | | | | | | | | |
| 时间（分钟） | | | | | | | | |
| 速度（分／千米） | | | | | | | | |
| 成绩 | 体重 | | | 配速 | 节奏跑 | 游泳 | | |
| 日期 | 1月15日 | 1月16日 | 1月17日 | 1月18日 | 1月19日 | 1月20日 | 1月21日 | 3 |
| 目标（公里） | 0 | 8.0 | 8.0 | 5.0 | 0 | 7.0 | 22.0 | 50.0 |
| 距离（公里） | | | | | | | | |
| 时间（分钟） | | | | | | | | |
| 速度（分／千米） | | | | | | | | |
| 成绩 | 体重 | | | 配速 | 节奏跑 | 游泳 | | |
| 日期 | 1月22日 | 1月23日 | 1月24日 | 1月25日 | 1月26日 | 1月27日 | 1月28日 | 4 |
| 目标（公里） | 0 | 6.0 | 6.0 | 5.0 | 0 | 5.0 | 18.0 | 40.0 |
| 距离（公里） | | | | | | | | |
| 时间（分钟） | | | | | | | | |
| 速度（分／千米） | | | | | | | | |
| 成绩 | 体重 | | | 配速 | 节奏跑 | 游泳 | | |

## 训练日志

做训练计划的同时写训练日志是不错的想法。当你想分析训练效果时，训练日志用处很大。举个例子，如果你得了应力性骨折，你可以查看训练日志看看在症状出现前你做过什么训练。如果你发生应力性骨折前几星期的训练里程是60公里，那么就可以测量出你的"骨折阈值"。当你受伤后恢复训练后，开始设定你的训练里程，训练里程应该略低于骨折阈值处，并持续较长时间来给骨骼更多的时间来适应训练负荷。

或者，如果你发现跑步时间安排得很好了，你可以参考你的训练日志，看看你所做的哪些方面是正确的。

> "理解我的训练模式可以让我充分利用我的优势，并进一步发展我的优势，同时注重改善我的弱点，这就是一个训练日志的重大用途。我的训练日志让我反思、分析、计划我的训练。"
>
> ——Kumaravel，2009年香港马拉松比赛以2小时51分40秒创造了个人最佳成绩

为了给您提供方便，附录1提供了一个空白的训练日志。复印即可使用，或者将其转化为一个Excel文件，以便可以在右边一列计算出每周的训练里程。

## 遵守训练计划

既然你可以制定一个全面的训练计划，下一步就是执行它。马拉松训练需要纪律性和稳定性。从来没有人说马拉松训练是很容易的，正因为它是一个挑战，才吸引了很多人前来参赛。

有很多借口逃避训练——太忙、身体疼痛、起不了床、工作到很晚、加班等，多不胜数。"没时间"是最常见的借口。在训练过程中遇到了很多马拉松跑步者和铁人三项运动员后，我注意到他们是最繁忙的执行者。马拉松比赛和铁人三项运动能够吸引这么忙碌的人，原因有三：首先，这些人是非常优秀的，非竞赛性的娱乐活动比如购物或吃一个悠闲的午餐并不能满足他们的好胜之心。其次，马拉松比赛和铁人三项训练是他们"摆脱"繁忙、压力大的工作的一种形式。运动耗时越多，他们可以"逃避"工作的时间就越长。当然，他们不认为这是逃避，而是在给他们的竞争力和健康投资。最后，也是最重要的，他们忙碌的时间表往往让他们的生活颠三倒四，所以他们需要在生活中有一个锚。训练计划有其固定的里程，它担任着抛锚的重任，他们的工作日程围绕着这个固定的锚。借此，他们的生活中形成了一种稳定度和规律性，最终也收获硕果累累。

许多假设表明，因为马拉松训练耗时、累人，所以它降低了工作效率。相反，实际上马拉松训练提高了工作效率。训练时间表迫使跑步者每天有规律的睡眠，提高了睡眠质量，也可以精神焕发地为接下来的工作做准备。锻炼也可以增加警觉性，可以提升工作效率。跑步也可以减轻压力使我们可以在愉悦的心情中更有效地工作。在生活中，一些人脾气不好，经常爱抱怨，而且从不锻炼，别人会说他们没有参加锻炼而不能高效地工作。

为了避免找借口阻碍锻炼，你要制定训练计划并坚持下去。选择一个你完全可以掌控的跑步时间，如清晨；如果你错过了这次训练，你不能怪别人只能怪自己。接下来，当你开始一项锻炼计划时，要认识到它是一个"减速带"——在最初阶段，将是疲劳乏力的，你必须迫使自己完成这项计划。但当你变得更健壮，到达了减速带的另一端时，它就变得越来越容易。当我第一次开始跑步时，6公里对我而言是一件苦差事，现在，平日的工作日里进行16公里的基础跑会让我神清气爽。在定期慢跑过程中，会有一些斜坡，我只能走上去，在山地地形跑步时，我也一度感到很害怕。现在，我跑过那些山地完全不必放慢速度，通常情况下，我甚至没有意识到有斜坡。

> "这真的与热情密切相关。当你对跑步充满热情时，它会和吃饭、洗澡、睡觉一样重要。我通常跑步时大家都睡着了。这有助于让我在我的家人、我的工作和我自己之间保持平衡。但如果我由于疲劳而错过了锻炼，你会发现我会在白天找半个小时到一个小时的空闲时间偷偷地跑步。这样做没有问题，因为我的跑鞋就在我的车上、在我的行李中、在我的办公室里。我从来不会不带跑鞋出门！"
>
> ——Teo Ser Luck：东北地区市长；高级政议会秘书；青年和体育社区部长，交通运输部部长；铁人三项选手，马拉松运动员；一位称职的丈夫和父亲

"即使身在海外,无论工作日或度假,我都坚持训练。即便是在海拔3200米、到处都是崎岖高山的不丹。"

——Ben Tan

# 高原训练法

氧气通过血液中的血红蛋白从肺部运输送至全身的肌肉。高原空气稀薄，诱导血红蛋白的代偿性增加，从而给跑步者提供了一个竞争优势。虽然生活在高海拔地区会增加血红蛋白水平，但是由于空气中含氧量较低，也限制了训练强度。因此，在20世纪90年代初，美国的Drs Levine和Stray-Gundersen开发了一种"在高海拔地区生活，以适中的强度进行训练"的方法。运动员在高海拔地区住4周就可以增加血红蛋白，同时，每天在低海拔地区进行几个小时强度训练，这让运动员可以两者兼得。

美国马拉松国家队在为2004年雅典奥运会准备时进一步改进了此方法。美国运动员住在高海拔地区，以适中的强度进行赛前训练、基础跑，并在低海拔地区做高强度训练。最后他们取得前所未有的成功，获得了男子银牌和女子铜牌。

为了方便起见，芬兰开发了"氮气公寓"，他们将氮气注入到公寓里取代氧气，以此来模拟低氧环境，相当于海拔2500米左右的环境。这使芬兰的运动员不需要去其他国家就能实现"在高海拔地区生活，以适中的强度进行训练"的要求。氧气帐篷，也是人为地创造了一个低氧环境，两者应用了相同的概念。然而，只要运动员在这些"人工环境"中每天待20到22小时，就等同于在2000米至2500米的海拔处至少待连续4周。这就解释了为什么氧气帐篷不能提供舒适的生活，而更宽敞的氮气公寓可以。

与在高海拔地区生活、以适中的强度进行训练相反的方法是在低海拔地区生活、以高强度进行训练。在海平面处，跑步者间歇性地暴露在低氧环境中，以提高他们的血红蛋白水平，从而提高身体性能。这被称为间歇性低氧暴露（HE）。创造低氧环境的专业仪器如，Go2Alitude、Hypoxicator和Altitrainer 200可进行检测。然而，这种方法的主要缺陷是剂量不足，缺氧持续时间不足，无法有效地诱导血红蛋白的生成。

## 05. 像肯尼亚人一样奔跑

很长一段时间，耐力跑步者和他们的运动生理学家都专注于提高最大有氧能力（最大摄氧量），因为它是长跑运动中一个已知的决定性因素。当最大有氧能力达到了稳定阶段后，即使最大有氧能力保持不变，跑步者仍然可以继续提高他的跑步成绩。是身体中的哪些因素发生了变化使跑步成绩继续提高呢？现在运动科学家将成绩的不断提高归因于乳酸阈和跑步中的低消耗。

## 经济型跑步

跑步需要能量。经济型跑步是指在一个给定的配速下能量的消耗，并取决于测量的氧气消耗量。考虑到体重因素，充分运用经济型跑步的跑步者，可以消耗更少的能量。因此，在相同的速度下，这些跑步者会消耗更少的氧气。

为了说明经济型跑步的重要性，让我们比较一下我与跑步伙伴Benny Goh的生理概况。我们有相似的马拉松个人最佳时间：

| 跑步者 | 个人最佳成绩（小时） | 最大摄氧量（毫升／千克／分钟） | 乳酸阈时的速度（千米／时） | 经济型跑步 13千米／时（毫升／千克／分钟） |
|---|---|---|---|---|
| B Tan | 2：56 | 70.0 | 13.3 | 263 |
| B Goh | 2：52 | 64.2 | 15.5 | 208 |

可以看到，虽然我有一个相对较高的最大摄氧量，但Benny有较高的乳酸阈即他在达到血液中乳酸积累阈值前，可以跑得更快。Benny在经济型跑步方面表现得更好，最重要的是，他的个人最好成绩更快。借助更好的经济型跑步，跑步者可以弥补较低的最大有氧能力。

可以提高经济型跑步的两个主要因素是：力量和跑步技巧。阻力训练、速度间歇跑和坡跑训练都可以增强跑步者的力量。现在让我们看看跑步技巧是如何提高的。

## 跑步技巧

我们都知道如何走路和跑步，或者至少假设我们知道。跑步步态比我们想象的更为复杂——它包括复杂的、相互关联的运动，它需要完美的协调；力量是在多个界面的运动中产生的，例如跑步中涉及的一些肌肉它控制的可能不是一个关节而是两个关节，这样使神经肌肉的控制变得更加复杂。

跑步只有一个"正确"的方式吗？我们应该把一个正确的跑步技巧作为目标，因为跑步技巧会影响跑步成绩。但与此同时，每个人的跑步姿势不同，这并不影响比赛成绩——这些与个人风格相关，与跑步技巧无关且不需要纠正。

## 跑步步态周期

在我们讨论改善经济型跑步的技巧前，让我们先了解正常的跑步步态周期，熟悉常用术语（见图5.1）。

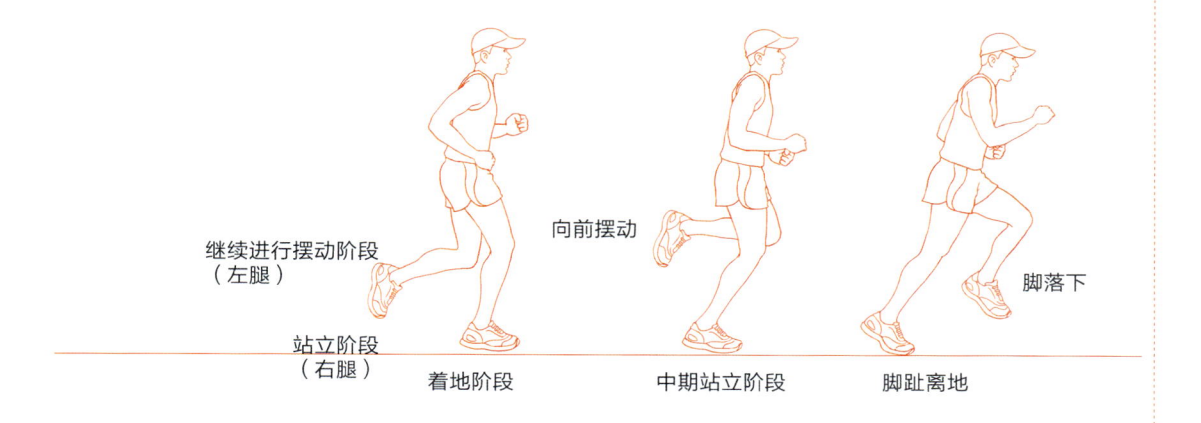

图5.1 跑步步态周期中的摆动阶段和站立阶段。着地阶段是指脚与地面接触时；脚趾离地阶段就是当脚离开地面的阶段，站立阶段位于这两个阶段之间；在站立阶段中，当两膝盖平行时，被称为中期站立阶段

肢体与地面接触，为站立阶段，当肢体离开地面，为摆动阶段。站立阶段由着地阶段、中期站立阶段和脚趾离地阶段构成。摆动阶段包括全程摆动、向前摆动、脚落下。在后脚离开地面，而前脚没有着地时，双脚都没有和地面接触，这就是所谓的浮动阶段。走一步是其中一只脚向前走，而跨一步是由两步组成。

像肯尼亚人一样奔跑

描述人体运动步态周期时，可参照三个平面，矢状平面、冠状面、轴向面（见图5.2）。

## 能量的循环利用

在着地阶段后，地面反作用力（反弹）生成。反弹的影响至关重要——如果有效地存储这种反作用力，并随后高效率地利用，将有助于推动下一步。这样，一步生成的地面反作用力可以被循环利用，再生能量可以提供跑步所需能量的一半。这就是为什么我们连续地跑很多步要比间歇跑几步更节省能量。

短跑运动员从地面反作用力获得能量的再生，增加下一步的推力，而长跑运动员通过储存能量来进行能量的再利用，因此，长跑中要降低消耗，最大程度实现经济型跑步。

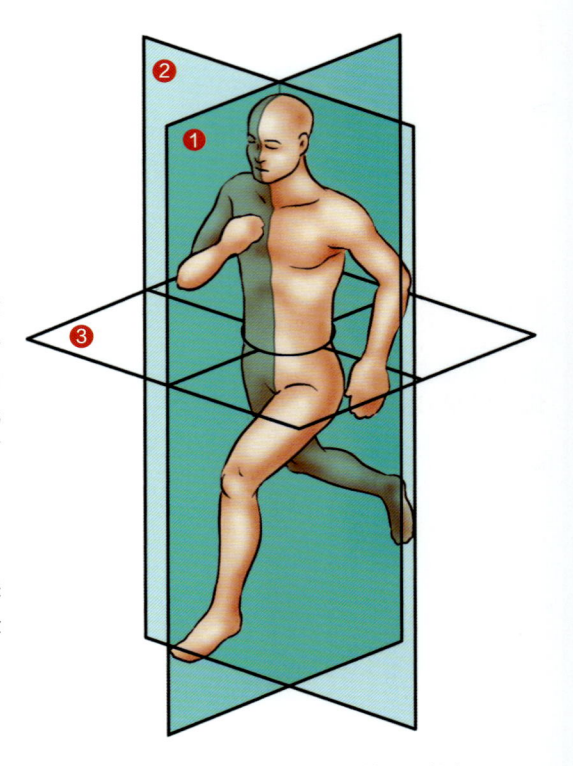

图5.2　身体的矢状平面、冠状面、轴向面

为了尽可能使能量循环利用，运动员需要：
- 生成一个有效的反弹力。在沙滩上跑步时，反弹力受到限制，这就是为什么在沙地上跑步更累。
- 从反弹力中储存和释放能量。肌腱和肌肉像弹簧一样，通过缩短伸展周期，来获得反弹力。同样，肢体大幅摆动、身体垂直位移、躯干扭动也是存储能量和释放能量的重要手段。

在跑步中，能量的循环利用是个关键概念，可以帮助我们了解如何跑得最好，最大程度实现经济型跑步。

## 跟腱和跑步

跟腱延长到小腿肚，长37厘米。它是一种弹性结构，在站立中期可以延长约5%，其张力可以达到体重的7倍。

反作用发生时，肌腱会返回至总能量的35%左右，在跑步进行阶段，它是能量循环利用的重要部分。

## 经济型跑步技巧

跑步技巧的某些方面可以影响经济型跑步。下文中将会讨论这一点。

正确动作 ✓  错误动作 ✗

**向前摆动结束时，膝盖要微微弯曲（即膝盖抬高）**

在试图加大步伐时，一些跑步者常常把膝盖完全伸展。这是不对的，因为它会导致着地点在身体重心前面。当着地点远远超过身体重心，地面反作用力像刹车一样阻碍向前运动。

肘部尽量向后摆动，可以让膝盖抬得更高。

向前摆动结束时，膝盖弯曲15°

向前摆动结束时，膝盖完全伸直

像肯尼亚人一样奔跑　87

| 正确动作 ✓ | 错误动作 ✗ |

## 着地点在身体重心下方

着地点应在身体重心下方，否则会变成刹车的效果。

着地点在骨盆下方

着地点远远超过骨盆前方

## 身体微微前倾

在站立中期阶段，地面反作用力至关重要，所以方向应该直接向前，而不是纯粹的向上。身体前倾将有助于减少过多的垂直位移。

在站立中期阶段，肩膀、臀部和踝关节应该在一条直线上，不要弯腰。

身体向前倾斜大约6°

中期站立阶段，完全直立

| 正确动作 ✓ | 错误动作 ✗ |

### 避免过多的垂直位移

为了能量的循环利用，一些垂直位移是必要的。而过多的垂直位移会造成向前推移能量的浪费。

通过向前倾斜和快节奏尽可能减少垂直位移。

垂直位移6厘米

过度的垂直位移15厘米

### 脚趾离地到脚趾落地时，尽可能地走直接路线

在接下来的跑步中，不要让脚抬得过高，不要离臀部太近，因为向前移动时走迂回路线会浪费能量。

向前运动时，膝盖弯曲90°

脚抬得过高，离臀部太近

像肯尼亚人一样奔跑　89

| 正确动作 ✓ | 错误动作 ✗ |

**充分利用躯干扭动促使能量循环利用**

在激活核心肌肉的同时，骨盆和肩膀（轴面）以相反的方向旋转。这个扭转动作是能量循环利用的一个重要机制。它还可以帮助大幅度跨步而不需要前脚掌大面积着地。

如果同侧的肩膀和臀部移动方向相同，这就是所谓的躯干旋转。这种运动笨拙且浪费能量。

( 最大躯干扭动  )    ( 最小躯干扭动 )

**向前运动时，保持下肢在矢状平面位置**

下肢或上肢动作远离矢状平面，会造成能量浪费，因为这种运动不利于向前推进。

( 下肢在矢状平面  )    ( 向前摆动时，脚里外运动 )

马拉松实战宝典

90

## 着地点

哪一种才是最优着地点——后脚跟、脚中部、还是前脚？这个问题的关键点在于哪一处可以生成一个很好的反弹。对跑步者来说，哪种类型的着地点产生了最好的反弹，那么这就是正确的着地点。每个跑步者需要感受每次反弹，并从中选择最好的那个。最大声音的脚步不一定会产生良好的反弹——良好的反弹来自于坚定的、干脆的"重击声"，而不是拍击声或滑动摩擦声。

一般来说，用脚跟跑步往往会出现一只脚着地太远的情况，用前脚跑步往往会对小腿和跟腱产生重大压力（特别是对于不习惯用前脚着地的跑步者）；用脚中部跑步，不存在脚后跟和前脚的缺陷，会产生一个好的反弹。但我们已经说过，每个运动员都要感觉出什么是适合自己的。

## 迈步和节奏

顶尖马拉松运动员可以以平均20公里／小时的速度进行巡航跑。我们大多数人的冲刺速度都达不到这么快。顶尖运动员为何可以跑这么快，似乎巡航速度比冲刺速度还要快？他们几乎没有冲刺速度，因为他们的节奏很平稳（与短跑运动员相比），地面接触时间短（即短暂的站立阶段），步幅长、浮动阶段长。迈步包括两步：从一只脚着地，到下一次同一只脚再次着地。另一方面，节奏指的是跑步者在每分钟所用的步数。在浮动阶段，因为他们有一个非常强劲的反弹，所以他们比相对弱一些的跑步者"飞"得更远。

长跑的最佳节奏是什么？记得摆动的共振频率取决于它的长度吗？摆动的时间越长，共振频率越低，摆动速度与共振频率相同时用力最少。摆动速度高于或低于共振频率时用力增加。同样，跑步运动在某一"共振频率"或者节奏上时，会感觉到自然和轻松。身材较高的人更适合用较低的节奏，而个子矮一点的跑步者更适合更高的节奏。每个跑步者需要去感受什么样的节奏最适合自己，没有放之四海而皆准的节奏。

## 视频步态分析

一个跑步者很难分析自己的步态。可以在跑步机上跑步或者户外跑步时，让一个朋友把你跑步的步态录下来，这是很有帮助的。最好的方法就是进行视频步态分析，使用可以测量关节角度和位移的计算机软件逐帧地进行分析。进行视频步态分析的同时，你需要一位经验丰富的体育医生、生物力学家、生理学家、足病医生或者教练给予帮助，他要对步态分析十分了解，这样你可以识别错误，及时进行纠正。

## 速度变化

对上坡跑、下坡跑、巡航跑、终点冲刺而言，没有单一的最优技巧。最优技巧根据梯度和配速略有变化。

练习不同的跑步"模式"用处很大，这样你就可以有效地调整速度以适应不同的训练：

- 上坡跑。缩短步伐幅度，加快节奏。肘部用力向后摆动时，提高膝盖。进一步向前倾斜。
- 下坡跑。加大步伐，使骨盆更大幅度地旋转。你可以尽量伸展膝盖，但不要全部伸展开。被动地"滚"下山以节约能量——不要把膝盖完全打开，应用"踩刹车"的原则。
- 加速跑。在比赛期间，你可能需要在短距离加速奔跑，如反超或者"冲刺"完成比赛。膝盖抬高，驱动肘部大幅度向后，稍稍前倾，减少骨盆旋转，加快节奏。

当上坡或加速跑时，小心不要全速前进，因为它会导致乳酸的累积，需要花费很长时间才能清除这些乳酸。

## 提高跑步技巧的训练

就像不容易改变习惯一样，纠正一个错误的跑步技巧也十分困难。定期训练并不断地加以提醒十分必要。跑步演练、节奏跑、有氧间歇跑、速度间歇跑和坡跑训练都可以用来改善跑步技巧。越野跑步是理想的"速度转变"训练方式。事实上，许多顶级的非洲马拉松运动员在运动生涯开始时都是越野跑步者。

观察顶尖马拉松比赛跑步者如何完成比赛，并记录在你的大脑中。在你的头脑中回想，定期地加强跑步技巧，使其逐渐达到理想化。跑步时，特别是当你疲惫不堪时，回想一下顶尖跑步者是如何完成比赛的，逐步地恢复所需的跑步方式。我记得在电视上观看2004年奥运会中马拉松比赛的一个深夜，我对一位顶尖运动员的跑步方式印象深刻。在第二天早上进行我的12公里训练跑时，我把这种跑步方式记在脑海中，并不断回想。这只是一个基础跑，我没有强迫自己。此外，由于那场比赛是在凌晨播报，所以那天晚上我几乎没睡，而在晨跑结束时，我看了下手表，我很惊讶，我比12公里的个人最好成绩足足少了6分钟！

跑步者需要跟着自己的感觉来采取一个好的跑步技巧或跑步方式。感受着反弹和节奏——你就会知道你什么时候可以到达"最佳点"。

## 跑步技巧和受伤

不幸的是，最快的跑步技巧并不等同于最安全的跑步技巧——在速度和安全之间要有一个权衡。更快的技巧会产生更强的跑步负荷，更有可能导致伤害。因此，循序渐进的训练是很必要的，这可以让身体有时间适应这些更高的负荷。跑步受伤会在第9章进一步详细地讨论。

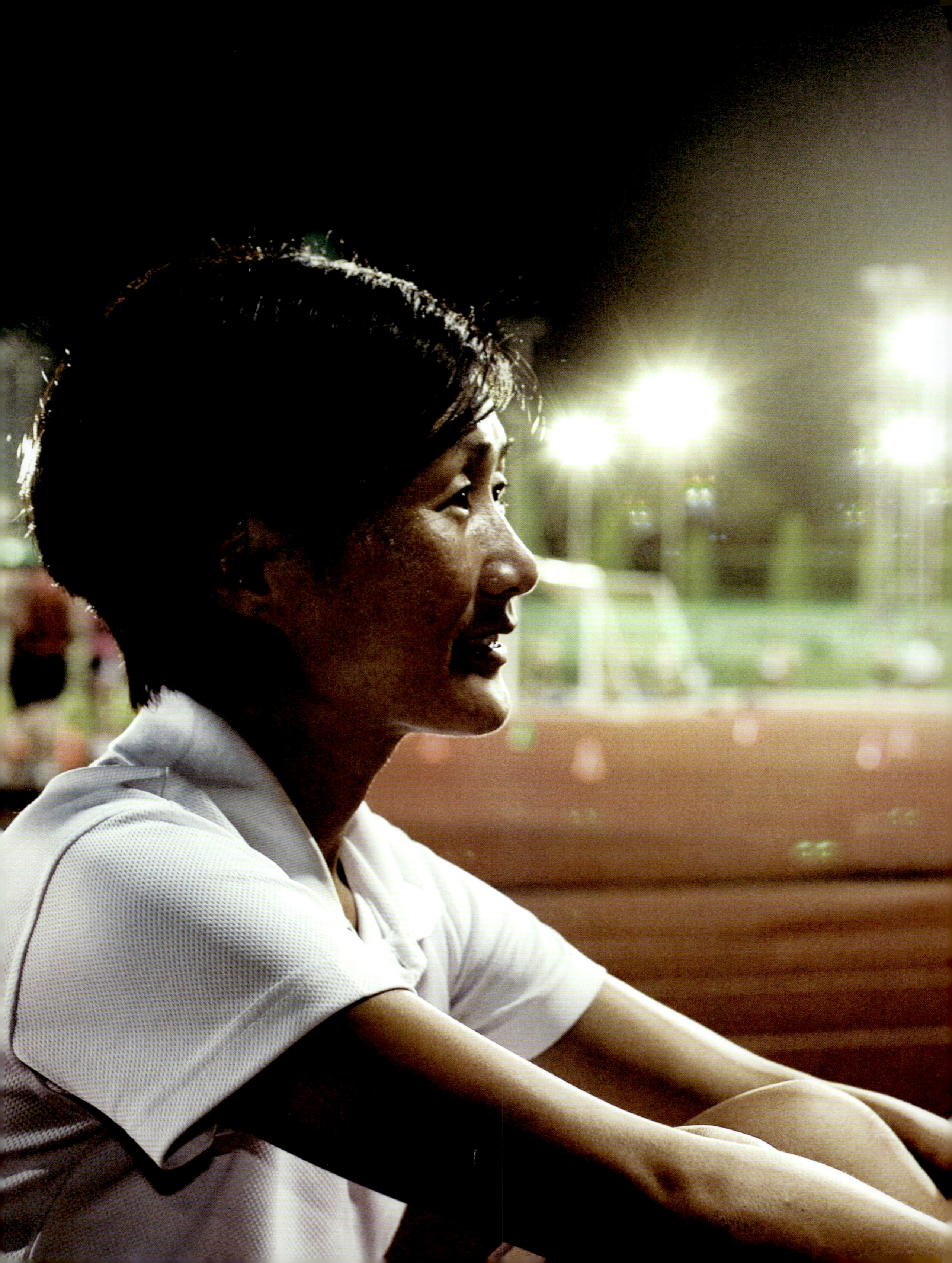

"我已经参加了12次马拉松比赛,一次超长距离马拉松比赛。从中学到的一点就是当在比赛的最后几公里疲惫不堪时,我所要关注的是我的姿态和跑步方式。保持一个好的跑步方式冲过终点线,显然比我拖着疲惫不堪的脚跑过终点的速度要快。"

Tan Swee Kheng,人体运动学家、运动专家,跑步健将,曾以个人最好成绩3小时29分完成马拉松比赛

## 05. 长跑者所需要的营养物质
>> Ling Ping Sing和Fabian Lim编写

正确的营养计划至关重要，它可使你尽快适应训练，并取得良好的成绩。训练量增加，身体的营养需求也随之增加。下列是几个与跑步成绩相关的营养因素：

- 肌肉糖原的损耗，引发低血糖，导致中枢神经系统疲劳。尤其在长跑中，会剥夺运动肌肉的燃料。
- 脱水。
- 肠胃不适。在耐力跑中，消化系统与运动肌肉"争抢"血液，血液优先供给肌肉，而消化道通常不会功能优化，对我们食用的食物和液体难以消化和吸收。
- 矿物质缺乏，如铁或钙。
- 电解质不平衡，如钠。

## 大量营养元素和微量营养元素

为了把营养作为一种工具来提高你的成绩，你必须首先了解运动期间身体的营养需求。让我们看一下身体所需的大量营养元素（碳水化合物、蛋白质、脂肪）、微量营养元素（维生素、矿物质、抗氧化剂）和液体。

## 碳水化合物

碳水化合物包括葡萄糖和糖原。糖原由葡萄糖的许多分子组成，是葡萄糖的存储库。我们的身体可以依次将碳水化合物、脂肪和蛋白质作为燃料来源，因此，这些大量营养元素也称为能量基质。在休息的时候，我们倾向于把脂肪作为主要的能量来源。脂肪调动缓慢，同样地，休息时身体消耗热量的速度缓慢。以我身体的能量基质利用率为例（我的体重是64千克）——当我休息时，通过分析气体（即氧气和二氧化碳）表明我的静息代谢率为1427千卡／天（即如果休息一天，那么我的身体消耗能量为1427千卡），56%的能源来自于脂肪燃烧，44%来自碳水化合物。当我们开始运动时，我们的肌肉快速燃烧热量。因为脂肪释放能量的速度有限，特别是在运动强度超过最大摄氧量的70%时，身体会越来越依赖于把碳水化合物作为燃料基质。图6.2显示了当运动强度和持续时间增加，葡萄糖使用量也增加。当我在马拉松比赛中以14公里／小时的速度奔跑时，分析呼吸气体表明，我每小时消耗能量1155千卡，68%的能源供给来自碳水化合物，而32%来自脂肪。

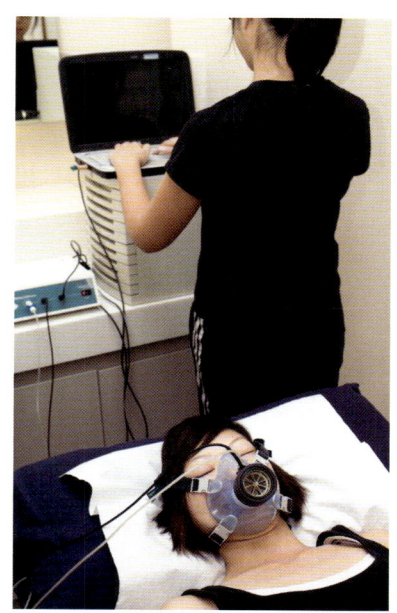

图6.1　某人在新加坡运动医学中心进行静息代谢率测量

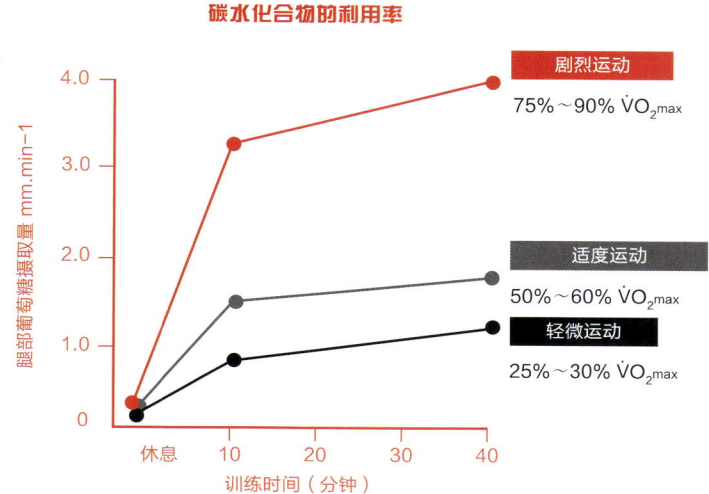

图6.2　碳水化合物在不同运动强度和持续时间时的利用率

　　碳水化合物可以快速加以利用来满足肌肉的需求，但其储存量是有限的。一个体重为70公斤的人以10公里／小时的速度完成一次马拉松比赛，需要略多于3000千卡的能量。然而，平均每个人的肌肉和肝脏中碳水化合物的储存量为600克（见图6.3），只能提供2400千卡的能量（1克碳水化合物产生4千卡的能量）。另一个调查表明，训练有素的男性（平均68公斤）和女性（平均54公斤）耐力跑步者糖原储存量大约能达到1800千卡和1550千卡。从这些判断中我们可以看到，碳水化合物的储存量不足以完成整个马拉松比赛。

长跑者所需要的营养物质

肌肉
500g糖原
300g脂肪

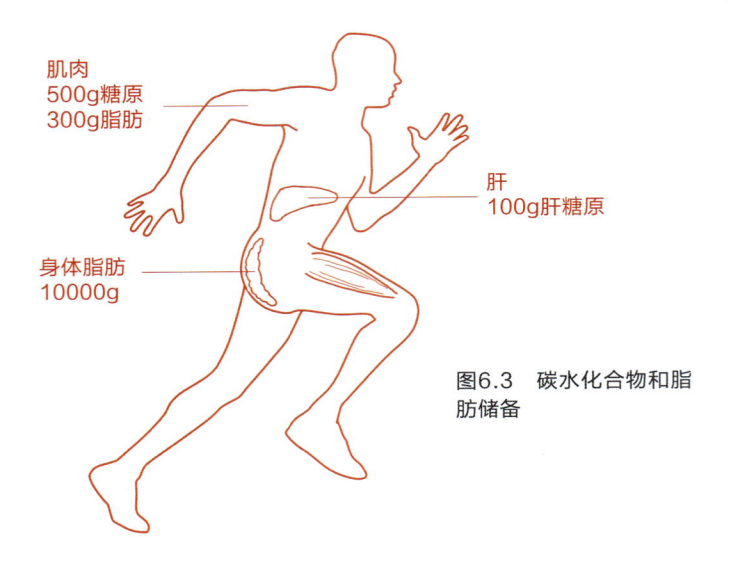

肝
100g肝糖原

身体脂肪
10000g

图6.3 碳水化合物和脂肪储备

跑步过程中，大约在30公里标记处或3小时20分钟时，我们的碳水化合物储备消耗殆尽，我们达到了"疲惫点"。为了战胜"疲惫点"，马拉松跑步者需要：

- 通过定期训练提高碳水化合物储备量，赛前做好碳水化合物储备工作。
- 比赛中补充碳水化合物，并且训练身体在跑步中更好地调动脂肪储备，从而节约碳水化合物，使跑步时间持续更长。

定期训练，逐渐增加你的里程，有助于使碳水化合物的储备量提高10%。未训练的跑步者，由于起点较低，碳水化合物的储备量增加尤为明显。但为了完成较长里程，我们需要在训练中有足够的碳水化合物。每天碳水化合物的需求应基于你的训练负荷，如训练强度、训练时间和训练频率。

- 中等强度运动到低强度运动：每千克体重需5~7克碳水化合物。
- 中等强度运动到高耐力运动：每千克体重需7~10克碳水化合物。
- 高强度训练每次持续超过4个小时：每千克体重需10~12克碳水化合物。
- 运动后的0~4个小时：每千克体重需1克／小时，高频率间隔。

在训练前、训练期间和训练后,有足够的碳水化合物储备对实现最优成绩至关重要。在本章后面部分,我们将讨论如何在比赛中补充碳水化合物。比赛和训练后的30分钟内摄取碳水化合物使其可以迅速补充,加速身体恢复,减少疲劳。

## 蛋白质

训练期间,肌肉骨骼系统会发生轻伤,但作为适应过程的一部分,我们会同时对轻伤进行修复。如果我们的训练程度相当,修复的速度将"早于"轻伤的发生,我们会变得更强壮、更健康,更有利于修复损伤。但如果修复的速度滞后,我们便会遭受过度损伤。蛋白质摄入量在确保足够的修复和恢复方面至关重要,因为我们的肌肉、肌腱和骨骼大部分由蛋白质组成。

蛋白质也是肌肉燃料来源的一小部分。如果我们的碳水化合物摄入量充足,那么我们多余的蛋白质可以使身体更好地修复和恢复。因此,那些极端的节食者,往往会失去大量瘦肉组织,这与达到峰值成绩所需要的身体条件其反。

对大众而言,每天要达到每公斤体重0.8克蛋白质。对耐力运动员来说,研究共识表明,要增加蛋白质的摄入量,需要达到每公斤体重1.2克至1.6克蛋白质。健康、均衡的饮食可以满足增加的蛋白质需求,同时不需要蛋白质补充剂。另一方面,健身者要求更高,通常每公斤体重需要达到1.8克蛋白质,为了达到这一水平,需要蛋白质补充剂。

一些研究发现,运动后同时摄入碳水化合物和蛋白质与单独摄取蛋白质相比,提高了蛋白质的吸收。因此,要注意饮食平衡。

但蛋白质摄入量过高的也存在危险:

- 没有得到足够的碳水化合物来满足能量需求。这可能会导致身体以蛋白质作为能量消耗,导致肌肉萎缩。
- 尿频导致肾脏负荷过重,面临脱水的风险。
- 可能会增加泌尿系统中的钙损失。
- 因为大多数高蛋白食物往往是高脂肪食物,脂肪摄入量增加。

## 脂肪

在休息时，脂肪是身体的主要能量来源。随着运动强度的增加，与脂肪相比，碳水化合物在能量中占比较高。尽管脂肪利用比例减少，但实际上由于整体能量消耗更多，脂肪氧化的绝对数量随着运动强度的增加而增加。训练有素的耐力运动员与未经训练的人相比，更擅长调动脂肪，因此他们可以利用更大的总能源储备，使跑步时间持续更长。

尽管脂肪是一个重要的能量来源，但耐力跑步者并不需要有意识地努力积累脂肪储量。首先，我们的食物中含有大量脂肪。不特别注意饮食的人，大约40%的热量都来自于脂肪。如果你有意识地避免过多的脂肪摄入，脂肪摄入量可能减少到推荐的30%以下。如果你能减少到20%，你就做得非常好。第二个原因是，即使我们很瘦，身体之前存在的脂肪储备也足以达到训练和比赛的需要。以瘦人为例，65公斤耐力运动员，身体脂肪达体重的15%，他有9.8公斤的脂肪，由于每一公斤的脂肪可以提供7700千卡，那么他的脂肪储存量超过了75000千卡。他只需要大约3000千卡来跑马拉松（假设跑马拉松的所有能量均来自脂肪，但显然不是这样的），或者每天只需要约3000千卡来维持他的身体机能和训练需求。

脂肪不单单存储在可见的皮肤下面（皮下脂肪），它也存储在你的内部器官（腹部脂肪或内脏脂肪）和你的肌肉细胞（肌内脂肪）。腹部脂肪与慢性疾病息息相关，如糖尿病和高血压，锻炼是消除过多腹部脂肪的一种有效方法。皮下脂肪和腹部脂肪都代表"负重"。跑步时，跑步者随身携带的这些脂肪，减慢了他的速度。相对而言，肌内脂肪对跑步者更有意义，因为它可以迅速被调动，在跑步中作为一种能量来源，有助于补充碳水化合物的来源。

## 微量营养元素：维生素、矿物质和抗氧化剂

微量营养元素是可以使身体达到最佳功能的少量所需元素。例如，铁是一种微量元素，可以生成血红蛋白和氧化酶，因此对耐力运动员至关重要。摄入足够的维生素和矿物质对保持最佳健康状态和体能意义重大。

膳食调查表明，大多数跑步者不需要其他补充剂就能够满足日常所需的维生素和矿物质。均衡、健康的饮食包括每天推荐的两份水果和蔬菜，这能大大降低营养不良的几率。但是如果你想确保饮食更加健康，每天可以进行多种维生素补充。

请记住，身体所需的营养要控制在最优范围内——身体需要的营养太少会营养不良，太多会产生毒素，并对身体产生额外的负荷，因此需要排除多余的营养物质。例如，过多的维生素A是有毒的。你可以通过补剂来弥补你缺乏的某些维生素或矿物质。

没有证据表明增加训练负荷会增加抗氧化剂的需求。因此，如果你饮食多样化，就没有必要在饮食中补充抗氧化剂。

## 液体

水对维持高心脏输出量，防止在锻炼时身体过热十分重要。跑步时，我们通过呼气、皮肤（汗水）、肾脏流失水分。如果液体摄入量不能与流失量相匹配，就会产生严重的脱水现象。我们的身体将试图通过排泄少量尿液保持水分，但是由于需要防止身体过热，则会继续流汗。随着脱水程度越来越严重，我们的心脏输出量开始下降，性能恶化，最终停止流汗，身体开始过热。

评估脱水程度的最简单方法是跟踪记录体重的变化。在运动中每公斤体重下降相当于1升液体流失。跑步者可以承受2%的脱水量（即一个60公斤跑步者，损失1.2公斤的水），不会产生严重后果。液体损失超过体重的2%时，运动性能会削弱20%。因此，跑步前、跑步中、跑步后，都要补充足够的水分。根据脱水程度，你可能需要4至24小时的时间来偿还你的液体流失。

尽管脱水会使身体性能下降，面临热损伤的风险，但是补充过多的水分同样危险，甚至致命。过多的液体摄入量会稀释血液，从而减少钠的血浆浓度，导致低钠血症。低钠血症使大脑肿胀，致人昏迷，最终死亡。慢跑者在跑步过程中补充大量水分，更容易产生稀释性低钠血症。

为了避免缺水或水分过多，我们的液体补充需要与液体流失一致。你可以按照以下步骤计算你的总液体损失：

1、至少在类似于比赛或者高强度锻炼前后的一个小时，测量你的体重。
2、称重时，要赤脚穿少量衣服。运动后称重，一定要用干毛巾擦拭身体，锻炼后即时称重（如少于10分钟）效果为佳。
3、总液体流失量（升）=运动前体重（公斤）−运动后体重+运动中液体摄入（升）。

举个例子，如果你的体重在跑前是60公斤，跑步一小时后为59公斤，跑步中你喝了0.5升的水，那么你总液体流失量是每小时1.5 L。你的脱水程度是（60−59）x100／60 = 1.7%

遵循这些提示防止长跑中脱水：

- 保持每天定期喝水的好习惯。
- 在比赛前2～4小时，喝400～700毫升的液体。
- 定期喝150～250毫升的液体以补充液体流失。另外，计算出你在每个供水站需要喝的液体量以刚好补充你的流失液体。你会发现在马拉松比赛中，液体摄入量很难与液体流失量相匹配——如果无法做到，那么就竭尽所能确保在比赛结束时，你的脱水程度不超过2%。
- 赛后称重确定你的脱水量，并在2～6小时后补充流失量150%的液体，例如，1公斤的液体流失则要补充1.5升的液体。
- 不要根据你的口渴度——如果你口渴时才喝足够多的水，那么你补充的水分只是接近于液体流失量的2／3。
- 检查你的尿液颜色——跑完两个小时后，它应该是几乎无色的。

在锻炼过程中，血液通过肠道分流进入运动的肌肉中。当我们处于脱水状态时，肠道占用更多的血液，扰乱肠道能动性，损害胃排空率。高胃排空率可以确保摄入的液体迅速通过胃进入可以吸收液体的小肠。否则，液体在你的胃中流动，会引起腹部不适。脱水减缓胃排空率，妨碍液体吸收。在我们脱水前最好补充足够的水分。

跑步期间和跑步后摄入什么液体最好呢？一般来说，对于少于90分钟的低强度训练，喝白开水就可以了。然而，更高强度和持续时间超过90分钟的训练，通常推荐喝运动饮料。

运动饮料含有5%～8%的糖和电解质（如特定浓度的钠和钾）。糖可以提供一些能量（不是很多），还可以补充因为汗水而流失的电解质。适当浓度的糖和盐可以优化胃排空率，冷却的运动饮料可以进一步增强胃排空率。但是我们应该喝哪个牌子的运动饮料呢？如果你看运动饮料上的成分标签，你会注意到糖和盐的浓度都是非常相似的。品牌之间的主要区别是调味料。因此，您所选择哪种品牌不是特别重要。选择一个最喜欢的口感，你会愿意喝更多，从而尽量减少脱水的风险。重大比赛前，了解供水站里有哪些牌子的运动饮料，在训练过程中就喝这一种运动饮料，让身体提前适应它。

由于高糖浓度使胃排空率下降，所以软饮料、果汁和浓缩果汁都不是补充液体流失的最佳选择。一些能量饮料由于其高渗透性或高浓度（运动饮料浓度的5倍多），并不能很好地补充运动中的水分流失。运动后24小时内避免喝酒，酒精作为一种利尿剂，会干扰水分补充，阻碍身体其他部分的恢复。

## 训练和比赛中的营养供给

现在让我们来看下在训练阶段、比赛前、比赛中和比赛后的营养攻略。

### 训练中的营养攻略

长跑运动员大量训练增加了其对营养的需求。因此，均衡的饮食要富含碳水化合物和适度的蛋白质，也要有大量的水果和蔬菜，这些可以为跑步者提供足够的能量，同时，食物里含有维生素和矿物质也是身体恢复和保持适应能力的必备元素。训练后及时补充能量和水分，可以促进身体快速复原，使跑步者在下一训练阶段中提高训练质量。

遵循下表中的碳水化合物指标（样本训练餐计划：60公斤男性每天摄入420～600克的碳水化合物），以确保获得身体所需的足够能量。

在训练前后可以吃一些富含碳水化合物的零食，帮助恢复肌肉和肝脏糖原存储。喝运动饮料则每小时可以提供30～60克的碳水化合物，以来维持足够的血糖。

| 膳食 | 建议 | 碳水化合物（克） |
| --- | --- | --- |
| 早餐 | 白面包 x 4片 果酱 x 1 勺<br>中等大小香蕉 x 1根<br>低脂牛奶 x 300毫升 | 105 |
| 零食（运动前） | 谷物棒 x 1<br>豆奶 x 200毫升 | 35 |
| 2小时耐力运动过程中 | 每半小时 运动饮料 x 200毫升<br>能量能量胶 x 1 包 | 75 |
| 零食<br>（运动后1个小时） | 金枪鱼面包 x 1<br>果汁 x 250 毫升<br>西瓜汁 x 1杯 | 60 |
| 零食<br>（运动后2个小时） | 葡萄干面包 x 1 片<br>奶昔 x 300毫升（250毫升低脂牛奶加一份水果，一勺蜂蜜） | 60 |
| 午餐 | 米饭 x 1.5 碗<br>肉／家禽肉／鱼 x 200克（瘦肉去皮）<br>蔬菜 x 1 小碗<br>中等大小橘子 x 1 个<br>果汁 x 250毫升 | 105 |
| 晚餐 | 鱼片面条汤<br>木瓜 x 2 片 | 70 |
| 夜宵 | 水果酸奶 x 200克 | 30 |
| | 总计： | 540 |

上面的表格只是一个例子，你可以根据个人训练需求、食物偏好和训练计划，与运动营养师一起制定训练食谱。充分利用训练阶段，找出比赛前和比赛中自己所需的食物和液体。

## 比赛中的营养攻略

**碳水化合物储备（糖原负荷法）**。对于耐力赛，要满载能量开始比赛。跑步者通过碳水化合物的储备完成耐力比赛。碳水化合物的储备有多种形式——早期版本是一个赛前为期6天的方案，包括前三天的"饥饿"诱导酶储备，其次是用三天时间增加碳水化合物的摄入量。前三天强调跑步者需要为比赛及时充电，否则可能会危害运动能力。因此，大多数跑步者跳过第一阶段，只是在比赛前三天增加碳水化合物的摄入量。

运动持续时间能超过90分钟得益于碳水化合物储备。如果得以有效利用，碳水化合物储备可以提高跑步者肌肉糖原储备的50%～100%，从而延缓疲劳，使高强度运动可以持续更长时间。

为达到碳水化合物的储备量，每天每公斤体重的碳水化合物摄入量应该增加到8～12克。例如，一个60公斤跑步者每天的碳水化合物摄入量应该为480～720克。并减少脂肪摄入，以碳水化合物代替脂肪，如使用果酱而不是人造奶油作为配料。如果难以增加摄入量，就用代餐加以补充。

在碳水化合物储备阶段，补充水分十分重要，因为在水的摄入量增加时，糖原储备效果更加显著。喝足够的水来抑制口渴，保持清晰的尿液颜色。尿液颜色受药物和膳食补充剂（如维生素C、B）摄入量的影响而改变。

在为期三天的碳水化合物储备阶段，即赛前2天时，训练量应该每天减少至大约20分钟，在比赛前一天完全休息。

比赛前一天，避免过度脂肪以及过多食物残渣（如蔬菜）停留体内，因为它们容易在消化系统中停留很长的时间，会增加你的体重，也会增加比赛中腹部不适的风险。熟悉碳水化合物产品，坚持在晚餐期间喝水，避免喝会导致失眠、含咖啡因的饮料。如果你没有高血压，食物中的盐含量可以高一些。

下面是一个60公斤跑步者制定的膳食计划，在碳水化合物储备阶段每天提供480～720克的碳水化合物。

| 膳食 | 建议 | 碳水化合物（克） |
| --- | --- | --- |
| 早餐 | 麦片 x 2杯<br>低脂牛奶 x 250毫升<br>面包 x 2片 2勺果酱<br>中等大小香蕉 x 1根 | 150 |
| 零食 | 饼干 x 2片<br>果汁 x 500毫升 | 50 |
| 午餐 | 米饭 x 2碗<br>水果酸奶 x 200克<br>果汁或维生素类饮料 x 200毫升 | 150 |
| 零食 | 中等大小 薄饼 x 2个<br>枫糖浆 x 1勺 | 50 |
| 晚餐 | 意面 x 2碗<br>水果沙拉 x 2碗 冰淇淋 x 2杯<br>运动饮料 x 500毫升 | 200 |
| 零食 | 水果奶昔 x 250毫升（250毫升低脂牛奶+一份水果+一勺蜂蜜） | 50 |
| | 总计： | 650 |

**赛前饮食。** 在比赛前至少1~6个小时，吃一些碳水化合物含量少的零食。在训练阶段，找出跑步前适合自己的食物，因为食物的喜好因人而异。比赛前的最后一顿饭或零食应该是高碳水化合物、低脂肪和低纤维的。如果你很紧张容易导致腹泻，那么清淡的食物，如流食代餐、谷物棒或运动饮料、奶昔，会让你的肠胃更容易接受。记得在训练时，提前适应你的赛前餐，并选择适合自己的食物、数量、时间间隔。不要在比赛前尝试新食物。

这里有一些关于赛前饮食的建议：

- **赛前2个小时或更少的时间**
  - 运动饮料／果汁
  - 流食代餐
  - 低脂酸奶
  - 新鲜水果
  - 谷物棒
  - 白面包加果酱或蜂蜜

- **赛前2～4小时**
  - 低纤维麦片加低脂牛奶
  - 华夫饼／薄饼加果酱／枫糖浆
  - 番茄意面
  - 汤面加少量蔬菜
  - 烤马铃薯
  - 低脂三明治或燕麦面包

比赛开始时补充足够的水分——比赛前2~4个小时喝400~700毫升的液体。这样有足够的时间通过排尿排出多余的液体。比赛开始前15分钟之内，再喝300~600毫升的液体。

**跑步中的饮食。** 我们身体的碳水化合物、水、盐不会在全程马拉松比赛甚至半程马拉松比赛中一直保持最佳水平。因此，你可能需要在比赛中进行相应补充。按特定配方制作的运动饮料、能量胶、能量棒在比赛时可以食用。提前了解比赛期间特定的运动饮料或活动主办方提供的能量补充物，这样你可以在训练中尝试它们，并逐渐习惯这些食物。

如果每小时约消耗30～60克的碳水化合物，每次适量补充150～250毫升的液体。下面每款竞赛饮料／点心含大约30克的碳水化合物：

- 500毫升运动饮料
- 300毫升可乐
- 1包运动能力棒
- 1.5个谷物棒
- 1根大香蕉

为了计算你的水分摄入量，你需要知道比赛中你的出汗率和水分流失量。例如，体重60公斤、以4小时完成马拉松比赛的跑步者，他的出汗率是每小时1升，水分流失总量是4升。他最大能够承受2%的脱水率，这意味着在达到终点时，他的水分流失不应超过1.2L。因此，在比赛中他消耗的液体量就是4－1.2=2.8升。如果每隔3公里有个供水站，那么全程会有大约13个，因此，运动员在每个供水站需要补充至少215毫升的液体。有时，比赛主办方将告知你所提供纸杯的尺寸，这样你就可以计算出你在每个供水站需要喝多少杯水。

边跑边喝并不那么容易，因为液体经常会洒出来。为了尽可能减少洒出来的量可以这样做：

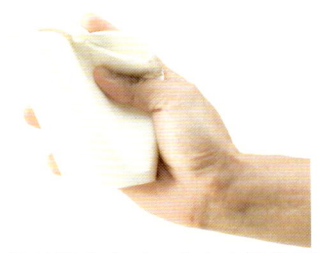

1. 当你到达水分补充站时，速度减慢一点
2. 当你继续跑步时，先牢牢握住杯子，不要拿起就喝
3. 用拇指和食指合上纸杯口，仅留小开口

计算出跑步中你需要多少能量有一定难度，因为它取决于你能量消耗的速度、你的能量基质利用率（在你的能量需求中，碳水化合物与脂肪所占比例）和碳水化合物的储备量。虽然前两个因素可以通过训练测算出来，但第三个因素是很难确定的。简单来说，如果你在马拉松比赛中达到了"疲惫点"，可以通过消耗碳水化合物继续奔跑。如果你在比赛中可以选择请一定要喝运动饮料而不是水——它不仅可以提供一点热量，也更容易吸收。使用上面的例子计算，如果你在比赛中饮用了2.8升的运动饮料，它含有6%的糖，这将为你提供2800毫升×6%=168克的碳水化合物或672千卡的能量。如果运动饮料只能在不同的供水站交替饮用，那么你在比赛中将得到336大卡。你可以补充能量胶，每袋能量胶含有约100千卡。这些能量胶与水（而不是运动饮料）共饮为佳。能量胶包的食用数量有一个限制（也许最多可以吃3包），使你在全程马拉松比赛中能够坚持着跑完全程，身体不至于受到伤害，所以要在训练中尝试最适合自己的量，避免你还没有开始打开第一包能量胶时就已经达到了身体的疲惫点。

**赛后营养供给**。比赛结束后不久，要快速补充液体、碳水化合物和电解质。蛋白质也对身体恢复和修复有一定的作用。富含碳水化合物和一些蛋白质的零食是一种理想的有助于身体恢复的方式。比赛后的30分钟内，每公斤体重补充1克碳水化合物，并在接下来的2~4个小时里吃一顿富含碳水化合物的正餐。如果没有正餐，在吃下一顿正餐前，吃一些碳水化合物的点心（每两个小时至少补充50克碳水化合物）。在恢复体能的正餐中，食用含少量蛋白质的食物，约10~20克，可以帮助增加肌糖原储存。

身体恢复的零食包括：

- **补充碳水化合物**
  - 运动饮料，果汁或者软饮料
  - 香蕉三明治
  - 新鲜的/罐装的水果
  - 香甜的松饼
  - 谷物棒

- **补充碳水化合物和蛋白质**
  - 水果奶昔
  - 加牛奶的麦片和水果
  - 肉/奶酪/鸡肉三明治
  - 肉/红豆面包

比赛结束后的2～6个小时内需补充150%的液体流失量。运动饮料可以补充水、碳水化合物和电解质，对身体恢复很有帮助。你也可以通过食物来补充流失的盐分。在恢复阶段避免过量饮酒，因为酒精是一种利尿剂，它干扰水分补充和其他恢复过程。

## 补品和运动食物

在市场上有很多补充剂声称可以改善跑步能力、抗疲劳、增加能量供应。然而，大多数补充剂并没有得到正规研究认可，所以你不要被商家的营销伎俩蒙蔽而上当受骗。

如果你缺乏营养或面临营养缺乏的风险，补品将很有益处。例如，你可能太忙，没有时间吃合适的正餐，无法达到各种维生素或矿物质的每日推荐摄入量。然而，补品不能长期取代有益健康的食品，需注意合理饮食。如果你不缺乏营养还服用补品可能导致中毒等不良后果。

以蛋白质补充品为例，蛋白是一种丰富的蛋白质来源，因为它包含所有人体必需的氨基酸，具有很高的生物利用度（即容易消化、吸收和同化）。然而，你可能在早上没有时间准备熟的或半熟鸡蛋，导致在训练后很难做到立即补充蛋白。虽然营养补品尽管价格很贵，但它可以以药片或粉末的形式与水混合食用，为蛋白质的补充提供了一种方便快捷的方式。

下面的表格列出了一些更合理的运动食品和补品，可能对你有帮助：

| 运动食物／补充剂类型 | 形式 | 成分、特点 | 作用 |
| --- | --- | --- | --- |
| 运动饮料 | 散剂或者液体 | · 5%～8% 碳水化合物<br>· 10～25毫摩尔／升 钠<br>· 3～5毫摩尔／升 钾 | · 在运动过程中和运动后提供液体和碳水化合物<br>· 运动中，用来补充流失的水分和电解质 |
| 能量胶 | 胶体 | · 60%～70% 碳水化合物（每袋25克碳水化合物），一些含有脂肪酸或者咖啡因 | · 在运动中更方便地提供碳水化合物 |

| 运动食物／补充剂类型 | 形式 | 成分、特点 | 作用 |
|---|---|---|---|
| 能量棒 | 固体棒状 | · 由40～50克碳水化合物和5～10克蛋白组成<br>· 通常脂肪和纤维含量低<br>· 包含50%～100%的维生素／矿物质的日推荐摄取量 | 便携的固体食物，为旅行、锻炼前后补充能量。包括碳水化合物、蛋白质、维生素和矿物质 |
| 流食代餐 | 散剂或者液体 | · 1～1.5千卡／毫升<br>· 15%～20%蛋白质<br>· 50%～70%碳水化合物<br>· 低-适中的脂肪<br>· 500～1000毫升 可满足推荐的日摄取量 | 补充能量／碳水化合物／营养膳食。运动前如果有紧张综合征，可作为正餐代餐 |
| 补铁 | 胶囊／药片 | · 亚铁硫酸盐<br>· 葡萄糖酸盐<br>· 延胡索酸酯 | 补铁 |
| 补钙 | 胶囊／药片 | · 钙碳酸盐<br>· 磷酸盐<br>· 乳酸盐 | 通过低能量或低乳制品补钙，治疗／预防骨质疏松 |
| 补充维生素和矿物质 | 胶囊／药片 | · 范围广<br>· 推荐日摄取量的1～4倍 | 对微量营养元素摄取种类受限的饮食方式进行摄取，例如在旅行中、比赛赛程紧张时补充 |
| 肌酸 | 散剂 | · 水肌酸／磷酸／柠檬酸／酯类建议用量：每天10～20克，连续服用四到五天缓解压力，维持每天2～3克<br>· 鱼、肉含量丰富 | · 在单个或多个冲刺跑中，提高跑步成绩，有助于间歇跑训练。可能使你获得大量肌肉。通常鱼和肉中含量丰富，同时鱼和肉比正常食物含量更多<br>· 增肌 |
| 咖啡因 | 散剂／液体／能量胶 | · 咖啡、可乐和其他运动饮料建议用量：1～3毫克／千克 | · 提高长期锻炼的成绩，有时有助于短期锻炼。<br>· 大剂量可能引起过度兴奋，导致失眠 |
| 碳酸氢钠 | 散剂 | · 碳酸氢钠建议用量<br>· 锻炼前，每公斤体重0.3克 | · 在持续1～8分钟的高强度锻炼中，可以帮助提高成绩<br>· 会面临肠胃带来一定负担 |

## 素食主义者可以跑得很快吗？

答案是："是的！"虽然动物蛋白质来源包含所有必需的氨基酸，并且要比从植物中获取的，更容易消化和吸收。然而，如果素食主义者食用各种各样的富含蛋白质的植物性食物，他们同样可以获得所有所需的蛋白质和氨基酸来恢复身体和维持适应能力。坚果、种子、豆类植物、大豆产品和全谷物是良好的植物蛋白质来源。

推荐食用的可促进身体恢复的零食需富含蛋白质和碳水化合物，例如红豆面包、低脂牛奶、什锦早餐棒、豆奶、花生奶油三明治和大豆汉堡。新加坡国家马拉松世界纪录保持者M·Rameshon就是一位素食主义者。"19岁时开始我改吃素食，当时我个人最好的马拉松比赛成绩是3小时20分，"Rameshon说。"22岁时我参加了吃素后的第一个马拉松，我的个人最好成绩达到了2小时40分！通过合理饮食，吃各种水果、蔬菜、谷物，我感到身体变得强壮，身体素质也持续改善，最终以2小时24分实现了个人最好成绩及国家记录。"Tay Wai Boon——38岁的马拉松选手（其个人最好成绩3小时4分，2005年新加坡马拉松比赛赞同地说："每周食用素食，我可以轻松完成每周100公里里程。素食主义者也更容易储备身体所需的碳水化合物。"

长跑者所需要的营养物质

## 07. 做好体重管理，使身体达到最佳性能

马拉松比赛需要大量的能量，由于大量的能量存储在脂肪中，那么肥胖是否是马拉松跑步者的一种优势呢？如有一位60公斤的女选手的脂肪含量占15%，即大约有9公斤的脂肪或69300千卡的能量储备，远远超过她完成马拉松比赛所需要的3000多大卡！虽然有大量的能量储存在我们的身体脂肪中，但我们面临的挑战是如何迅速调动脂肪使其满足我们运动中肌肉的需求。虽然可以通过训练身体使其更快速调动脂肪，但获得相同热量的前提下，燃烧脂肪要比燃烧碳水化合物消耗更多氧气。脂肪使身体携带了多余的重量，降低了经济型跑步的效率；脂肪还会阻碍我们运动肌肉的热量散发，增加运动员热损伤的风险。过多的脂肪还会导致运动伤害。因此，与其他运动相比，长跑运动员身体脂肪的比例是最低的，顶尖马拉松运动员的平均身体脂肪百分比男性小于10%，女性小于15%。

要想减肥，需要产生一个能量赤字，即能量消耗必须超过能量摄入，或者更简单来说，赤字越大，减肥越快。然而，如果能量赤字太大，那么跑步者在训练中就会无精打采、训练质量下降、身体恢复速度降低，失去瘦体重（肌肉和骨质），容易产生免疫抑制机制（免疫系统活力较低的系统）等常见的上呼吸道感染。因此，需要减肥的跑步者，既要有足够的能量赤字来减肥，同时也要有足够的能量来满足训练和身体恢复的需求，要做到两者兼顾。

在减少脂肪的同时，瘦体重也会一起减少。幸运的是对于跑步者来说，在跑步中积极使用肌肉骨骼系统，有助于在减肥期间最大程度保持肌肉和骨质不受影响，不会严重抑制热量散发。

虽然瘦体型可以让长跑者跑得快，但是减肥不应过度。体重不足（即身体质量指数<18.5千克／平方米）与健康问题（如生育能力低下、骨质疏松症和心脏衰竭）密切相关。

> **减肥可以减少骨关节炎的风险**
>
> 　　减肥对健康有很多益处。人们已经发现，对于女性而言，体重指数每平方米超过25公斤，膝盖骨关节炎发生的风险会增加4倍；对于男性，体重指数每平方米超过25公斤或以上，膝盖骨关节炎发生的风险会增加5倍。超重的风险也增加了手指骨关节炎的风险，这比简单的应力过载更容易引发手指骨关节炎。
>
> 　　减重减少了骨关节炎发生的风险。Framingham膝骨关节研究表明，体重每减少5公斤，治疗膝骨关节炎的风险就降低了一半以上。对于老年男性，从肥胖减到超重或从超重减到正常体重，骨关节炎的风险会降低21.5%。对于老年女性，类似的体重指数变化，骨关节炎的风险会降低33%。

## 减肥原则

　　新加坡樟宜运动医学中心和新加坡运动医学中心共同帮助2000多名患者通过循证的、综合的、多学科项目安全有效地实现了减肥。那些已经完成减肥项目的人，最终变得更苗条、更健康，可以更好地控制或摆脱他们的慢性病。更全面的关于体重管理的话题可以在《对抗脂肪：减肥，你必须知道的事和你必须做的事》（Ben Tan, Marshall Cavendish出版，2007）一书中找到，书中的两个案例都是仰赖他们的体重管理计划而成功。在这一章，我们将回顾该项目所依据的原则和支柱，及它如何针对跑步者实施体重管理。

## 原则1：能量赤字的必要性

　　为了消除多余的脂肪，必须产生一个能量赤字，即消耗的能量比我们补充的能量多。身体只有在能量赤字时，才会消耗储备的能量，以此来弥补赤字。例如，如果我们摄入了2000千卡，想要消耗3000千卡，身体将首先燃烧2000大卡的食物，当耗尽后，才会燃烧1000千卡的身体脂肪。当我们产生能量赤字，很自然地会感到饥饿，无精打采。

如果我们想要保持体重，那么我们能量的摄入应该符合我们的支出，这样多余的脂肪就不会储存在体内。如果我们摄入的能量比我们消耗得多，那么多余的能量将被存储成为脂肪。

## 原则2：持续能量赤字会导致脂肪减少

如果我们每天有1000千卡的能量赤字，一个星期后，总赤字累积到7000千卡，会燃烧和消耗7000千卡的身体脂肪。这相当于0.9公斤的脂肪！

1千克身体脂肪产生7700千卡热量

## 原则3：能量赤字必须恰当

我们每天应该达到多少能量赤字？为达到减肥效果，美国大学运动医学院建议，能量赤字每天应该在500～1000千卡。1000千卡的赤字相当于每周减少1公斤体重，这是相当诱人的。但不幸的是，对于参加比赛的跑步者而言，这样的赤字将会降低训练质量，减缓身体恢复速度，导致适应能力下降、免疫反应能力下降，使跑步者容易受到损伤和感染。

如果我们的能量赤字超过1000千卡会发生什么呢？释放储备脂肪的速度有一定的限制，约为每星期1公斤脂肪。能量赤字越大，脂肪释放速度越快，直到达到最大速度。而这时，身体开始寻找其他能量来源，这个能量来源是蛋白质，主要来自我们的肌肉。因此，过度能量赤字虽然减少了脂肪，但会造成肌肉损失。失去肌肉是不明智的，因为它可能会导致经济型跑步效率低下。

就像空调的恒温器可以保持房间温度恒定，我们的身体也有一个"恒脂"，当消耗过大时会触发身体开启"节能模式"使身体恢复到自身设定重量。例如，如果你产生200千卡的赤字，身体会选择减缓新陈代谢来节约200千卡，以保证有足够的能量。身体每天能够节约高达500千卡热量，如果我们产生较小的赤字，很难取得任何显著的减肥效果。因此，500千卡赤字对于想减肥的参加比赛的跑步者而言，是切实可行的，并不会对比赛成绩有严重的影响。

## 三大支柱

为了实现能量赤字目标，即500千卡，一个有效的、可持续的、安全的方式是减少热量的摄入，同时增加能量的消耗，如图7.1所示。

通过饮食限制减少能量摄入，通过额外运动（如跑步）和日常活动（如做家务）增加能量消耗。饮食限制、可自由支配的运动和日常活动共同构成减肥的三大支柱。这三个支柱是一种行为改善，将产生可持续的减肥效果。

## 长跑的理想体重

毫无疑问，顶尖长跑运动员必须清瘦，但不是所有的人都能够像肯尼亚选手一样，有5%的身体脂肪和纤细的四肢，从小腿至脚踝处逐渐变细。纤细的四肢确保四肢底端重量最小，从而提高经济型跑步。身体脂肪含量低不仅减少了跑步者在比赛中的自重，同时它也使表面积体积比最大化，从而提高散热能力。

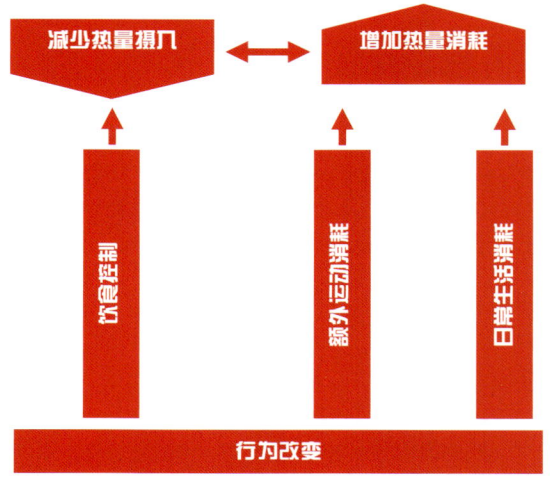

图 7.1 减肥的三大支柱

我们中的极少人生来就有肯尼亚跑步者一样清瘦的身材（高高的、单薄的、很瘦的）；而大多数都是体格强健型（肌肉构建）或胖型体质（个子矮、丰满、圆润的）。后者类别并没有将你排除在跑步行列之外，尽管这一分类限制了你成为一位顶尖级长跑运动员的潜力。然而，许多人完成半程或者全程马拉松不是为了赢得比赛，而是为了挑战自我，发挥我们的个人潜力。胖型体质者无论他减掉多少重量，也不能成为一个瘦型体质者，但他能够比没有减肥前跑得更快。

一般健康的、理想的体重指数为：[体重（公斤）]÷[身高（米）]$^2$，亚洲人体重指数为18.5～23.0千克／平方米，白种人体重指数为18.5～25.0千克／平方米。减肥超过了18.5千克／平方米的体重指数，往往导致肌肉甚至骨质的过度流失，在极端情况下，会产生心律不齐，且对女性而言，会产生月经紊乱和生育能力低下。为了优化跑步能力，尽管体重越轻越好，但对于你要减掉多少体重有一个限制——超过了这个限制，则会降低你的跑步能力。这个限制因人而异，通过观察你的表现可以确定它——如果大幅度超过了这条线，减去太多重量，你的跑步成绩反而会下降，而不是提高。为了使你的表现比之前更上一层楼，你的身体需要保持健康，需要保持最佳状态。

所以如果你此刻看起来很"憔悴"，但是你跑出了好成绩，感觉很不错，那么就不用担心。另一方面，如果你的跑步成绩下降了，那么可能是你减重过多。

## 长跑者的减肥处方

有一种减肥方法是说只要能忍受，就尽量少吃，同时进行大量运动。但样的"推测"通常是无效的，因为大多数的人低估了他们需要做的事情。如果我们估算错误，我们要么体重减少过多过快，导致跑步成绩下降，或者更常见的是，我们减肥失败。想要减肥成功，需要更精确的饮食限制和身体活动，然后我们可以设置固定的目标，制定具体计划并采取行动。

## 日常能量赤字

想要减肥，跑步者需要维持一个能量赤字。早期，建议每天500千卡的赤字。首先，你的目标是实现这一赤字，并在几个星期里监控你的体重和跑步成绩。如果体重没有下降，就增加能量赤字，如果你的跑步成绩下降，就降低能量赤字目标。为了说明个性化减肥能量处方，我们假设你的目标是每天500千卡的赤字，即：

$$能量摄入量－能量消耗量=500千卡$$

## 日常能量消耗

你的能量消耗是你的静息代谢率（RMR，也叫基础代谢率）与日常活动和跑步与其他体育活动中能量消耗的总和。

在一些运动医学中心或运动生理学实验室使用代谢测定表测量是确定静息代谢率的最好方法。如果你没有条件则可以根据体重估算出你的静息代谢率：

$$基础代谢率（千卡）／天=体重（千克）\times 24 \times 1.05$$

另外，Harris Benedict方程在性别和年龄上做了区分，并提供了一个更精确的估算：

对于男性，基础代谢率=66+（13.8×体重（千克））+（5x身高（厘米））－（6.8×年龄（年））

对于女性，基础代谢率 = 655 +［9.6×体重（千克）］+［1.8 x 身高（厘米）］-［4.7×年龄（年）］

基础代谢率指休息时能量的消耗。我们用基础代谢率乘以一个活动因子，从而获得基础能量消耗（不含运动），从而了解日常活动（如去工作、工作中的活动）消耗的能量。如果你从事办公室工作，那么你的基础能量消耗是基础代谢率的1.2倍，如果你从事运动性质的工作（如护士、体育老师），则是1.4倍：

久坐性质的工作：基础能量消耗 = 基础代谢率×1.2
运动性质的工作：基础能量消耗 = 基础代谢率×1.4

你的每日总能量消耗（TEE）是你的基础能量消耗和额外运动（PA），如跑步能量消耗的总和。可以通过运动测力计（如跑步机、椭圆训练机、自行车测力计、赛艇测力计）或根据运动估计表（例如使用身体活动计算器，从www.myhealth.sg下载）确定你的每日总能量消耗。另一个方便的方式是使用可以测量热量的心率监视器，确定每日总能量消耗。因此：

每日总能量消耗 =基础能量消耗 +额外运动能量消耗

## 确定适当的热量摄入量

前面的章节讲述了通过运动计划来帮助你改善体重。运动计划可以决定你的体育活动消耗的能量，确定了能量方程式的一端。假设你的目标是每天能量赤字500千卡，那么：

每日总能量消耗－能量摄取量 = 500，或
能量摄取量 = 每日总能量消耗－500

让我们以75公斤跑步者为例，体重指数26千克／平方米，从事会计工作，每周以平均10公里／小时的速度跑50公里。他的跑步计划是他每星期消耗3850千卡，平均每天消耗550千卡（75公斤跑步者以10公里／小时速度跑步时每小时燃烧770千卡）。他每天的基础代谢率为75×24×1.05=1890千卡。鉴于他从事久坐的工作，他每天的基础能量消耗是1890×1.2=2268千卡。这样他每日总能量消耗为2268+550=2818千卡。虽然有足够的能量可以保证其训练计划的质量，但是为了减重，他将不得不把他的饮食摄入量限制为每天2818－500=2300千卡。

做好体重管理，使身体达到最佳性能

### 检验你的效果

由于计算方法是基于估算，所以热量的摄入量需要根据减肥的进展和跑步成绩进行调整。如果两周后并没有明显的减肥效果，那么继续减少100千卡的摄入量，直到出现明显的体重下降时停止。

为了检验效果，应每周记录体重并绘制成图表。测量体重一个可靠的方法是在早上排空膀胱和肠道并没有食用任何食物或液体前。

也要记录跑步成绩。在你的训练日记中记录每次训练时的成绩并留意是否有任何退步的情况。例如，如果你之前可以舒适地用60分钟完成10公里的基础跑，但你现在发现自己很难做到，那么就要考虑稍微停止节食。

### 时机

在忍受能量赤字的同时获得最佳跑步成绩是十分困难的。因此，应该在训练周期中努力找一个适当的时间来减肥。在距离目标比赛前几周，训练周期开始时时机较好。当你朝着顶峰前行时，需要加大训练强度，此时你需要能量来维持高里程和训练强度以及训练后身体的恢复。由于这些原因，在训练周期开始时减肥是非常不错的，避免在达到峰值和比赛将要开始时，身体发生能量赤字。

另一个减肥的机会是在过渡阶段（即峰值之后，下一个训练周期开始前）。大多数跑步者在主要马拉松比赛后、恢复训练前，都会休息一个月的时间，这将是减肥的一个好时机。然而，开始计划饮食限制要在马拉松比赛后的5天或者更长时间，要给身体足够的时间来恢复和修复。

### 健康的饮食限制

#### 选择哪种食谱呢？

有很多种食谱可以选择，例如阿特金斯饮食法、区域饮食法、迈阿密饮食法、血型饮食法（提倡针对不同血型提供不同饮食）、容量饮食法、Ornish饮食法和Pritikin饮食法。这些饮食法主要倡导低脂肪（例如，Ornish和Pritikin饮食法），低碳水化合物（如阿特金斯饮食法）、高蛋白（例如，区域饮食法），或者采取一种平衡的方法。有些很有道理，而另一些则值得商榷。

这些饮食方法能够帮助你减肥吗？也许可以。原因很简单，所有的饮食计划规定了你能吃什么或不能吃什么。这些规则对个人饮食进行限制，要坚持吃计划内的食物，而不是吃自己想吃的东西，不仅吃得会少，热量也会低。简而言之，这些饮食最终通过减少卡路里的摄入来减少体重，这就是饮食计划背后的哲学理念。

真正的问题在于饮食是否可以帮助你减肥而不损害运动能力。低碳水化合物饮食法已经过时——坚持低碳水化合物饮食时可以进行慢跑，但是对于高强度训练，如节奏跑是十分困难的。高脂肪低碳水化合物饮食被认为可以培养更好的代谢脂肪作为燃料来源，但它是调动身体储存的脂肪，而不是消耗摄入的脂肪——我们当然不会在比赛中摄入脂肪，因为它将延迟胃排空，影响水分吸收。高蛋白饮食帮助身体修复和恢复，但修复需要的能量也来自碳水化合物，所以要同时补充蛋白质与碳水化合物。极低热量饮食（每天少于800千卡）不仅仅会减少体重，而且会造成肌肉损失，但我们需要肌肉良好地运动。那么跑步者减肥时唯一安全的选择便是温和的、均衡的饮食。

## 确保平衡健康饮食

计算出你的能量摄入目标后，下一步是制定符合规定能量摄入的饮食计划。要做到这一点，我们需要知道各种微量营养素的卡路里含量：

> 1 克脂肪 = 9千卡 或 37千焦
> 1 克碳水化合物 = 4 千卡 或 16千焦
> 1 克蛋白质 = 4千卡 或 17千焦
> 1 克酒精 = 7千卡 或 29千焦

因为脂肪的能量密度很高，减少脂肪摄入量是减少总热量摄取的一种有效方式。尝试保持你的脂肪摄入量远低于总能量摄入量的30%。

人体生理学是非常复杂的，我们的身体需要许多营养元素和微量营养素使其可以在最佳状态下工作。因此，把任何营养素完全切断（包括脂肪）都会对身体有害。

我们身体很聪明（它必须聪明，否则我们不会继续存在），如果任何一种主要营养缺乏，那么我们一定特别渴望这种营养。

例如，那些一直按照Atkins饮食法饮食的人，会迫切需要碳水化合物。需求让我们很难坚持饮食计划，而一个均衡的饮食会尽可能降低这种需求。

每日总热量的摄入应均匀地分布于全天，如正常的一日三餐外加训练后的零食。正餐应该足够充足，这样你不需要在两餐之间吃零食；不吃饭是不明智的想法，因为它让你在吃下一顿前感到异常饥饿，你可能会暴饮暴食，超过当天卡路里的配额。

## 监督你的摄入量

有效并能确保你遵守规定的能量摄入方法是坚持记录你所吃的食物。一周一次，记录每顿饭吃什么（而不是在一天结束的时候进行回顾）；在一天结束的时候，将其转化为热量，相加计算出一天摄入的总能量。营养计算器可以在许多网站上找到，包括www.myhealth.sg。

---

"我十几岁时很胖，体重84公斤，身高1.7米。加入国家队后体重又增加了，我很容易筋疲力尽，总有一种无精打采的感觉，此刻我决定做一些改变。2005年我决定要跑步，部分原因是为了减肥，但最终，我爱上了这项运动，通过运动使我的体重下降，变得清瘦。我现在的体重是63公斤，感到脚上面所承受的重量很轻。我不仅感觉更好，也为自己的跑步成绩感到满意。"

——Benny Goh，2009年阿迪达斯日落马拉松比赛（84公里）以7小时36分5秒完成比赛，成为冠军。他的马拉松个人最好成绩是2小时52分

# 08. 比赛策略
>> M Rameshon 和 G Elangovan 编写

在前面的章节中，你学会了如何优化训练、增加营养和改善技巧来提高跑步成绩。为了使身体达到峰值，在准备阶段努力训练，下一步是在比赛中表现良好。经常会听说跑步者辛苦了一整年，却因为严重的痉挛或水分耗尽，在马拉松比赛35公里时退出比赛，有的跑步者完成了比赛，成绩却比训练时差，这是因为他们比赛开始时速度太快……

与其他运动相比，马拉松比赛的跑步策略很简单——所面临的挑战就是要坚持完成比赛。在本章中，我们将学习如何制定和执行一个良好的比赛计划，从而使你对所有准备带来的结果感到满意。

## 比赛速度

马拉松比赛的关键策略是比赛速度，对于每个跑步者而言，都有一个最优速度。速度过于保守，你完成比赛时身体还有过多的储备，你会懊悔没有再努力一些。更常见的是，跑步者的目标速度太快，水分耗尽，完成比赛情况很糟糕或没有完成比赛。选择正确的比赛速度是一场赌博——你要比上次马拉松比赛速度快一些吗？如果你这样做了，那快多少呢？我们要做的是做一个风险计算，而不是任意提出一个数据。

## 决定比赛速度

设定一个完成时间，那么你的平均比赛速度可通过以下因素确定：

- **上次马拉松比赛的完成时间**。当然，每一个跑步者想要跑得更快，所以假设比赛中面临的困难相似，目标是速度稍快一些。如果上次马拉松比赛的完成时间是4小时，那么提前15分钟完成比赛是合理的，如果上次马拉松比赛的完成时间是3小时15分钟，那么提前15分钟完成比赛是十分吃力的。

- **时间试验**。如果你最近没有跑马拉松比赛，那么做一些试验来确定你的比赛速度。一个方便的计算方法是完成半程马拉松时间的2倍再加10分钟，即全程马拉松比赛的时间。例如，如果你完成半程马拉松的时间是两个小时，那么你的马拉松目标时间应该2×2小时+10分钟=4小时10分钟。

根据预计时间，在比赛中根据路线、天气和人群条件做出调整。通常，热带和温带的马拉松比赛的时间差别大约为5～10分钟。

一旦你设定了一个目标完成时间，并计算出平均比赛速度，那么你必须在比赛中保持这一速度。例如，如果你的目标是在4小时内完成马拉松，那么你的比赛速度应该是（4×60）÷42.195=5：41分钟／公里。

## 比赛速度

在马拉松比赛中，里程不同，速度也会有所不同。假设比赛全程地势平坦、温度恒定，那么你可以采取两种速度策略：

- 匀速跑。这是最安全的，也是认可度最高的策略。
- 后半程加速跑。可以把马拉松分割成四个10公里跑或两个21公里跑。后者更常见。后半程加速跑是指后半段里程的完成时间比前半段完成的时间少。

计划马拉松比赛前半程配速远远超过后半程速度，是自取灭亡的做法——在比赛中，你的后半程速度会比你计划的要慢得多，所以不要这样做，除非有特殊原因。许多缺乏经验的跑步者无意中犯了这个错误。

许多跑步者通过匀速跑或轻微后半程加速跑，创造了马拉松比赛的世界记录。比赛中，世界级顶尖跑步者每公里用时控制得很精确，相差仅仅几秒而已。

## 坚持比赛速度

比赛中，很多因素包括人流拥挤、山地地形、供水站拥挤、脱水现象、尿急、天气状况、微小损伤（如擦伤、水泡）、肋部疼痛、疲惫以及注意力不集中等都会干扰跑步者的速度。大部分因素降低了配速，但也有偶然因素可以提高跑步速度，如感觉身体强壮有力、下坡过程（例如，波士顿马拉松比赛以一个长下坡开始，粗心的跑步者会发生腿抽筋）、坚持与相邻的速度快的跑步者并肩同行。

每个跑步者在比赛开始的时候感觉良好，因为这无疑对跑步者来说是新鲜的。但真正的比赛始于最后10公里，跑步者需要有足够的能量储备完成这最后的里程，此刻，他或她的碳水化合物储备已接近枯竭。

为了保持比赛速度，你需要做的是：

## 结识新加坡超人

在海军潜水部队试行时，Kua Harn Wei 几乎被淹死。几近死亡的经历促使他学会了如何游泳，现在他担任新加坡国立大学副教授，是一名超级铁人三项选手。铁人比赛中，个人最好成绩是2003年的10小时49分钟，包括一次铁人比赛包括3.8公里游泳、180公里骑车和42.2公里跑。

Harn Wei已经连续做了10天的铁人，意味着他每天进行一次铁人训练，已经连续训练10天！如果连续10天每天跑一次马拉松并不足以有挑战性，但十天里Harn Wei还要游泳38公里、骑车1800公里。最后，Harn Wei在2008年超铁人三项世界杯中，排名世界第二！

对于在最后10公里挣扎的马拉松选手（几乎所有人都会这样），Harn Wei建议，"为了参加和完成一个比赛，你要对身体敏感，倾听身体的反馈。随着经验的积累，通过训练和比赛，你会知道如何准确解读你的身体正试图告诉你什么。并非所有的不快都意味着厄运的到来。比如在距离马拉松终点10公里时，你开始感受到了一种从未有过的痛苦。自然的反应就是恐慌，你会想，'这是我倒霉的一天！也许我应该放弃。'不要恐慌——尽最大努力来解决问题。例如，微微调整你的跑步步态，或者速度慢下来一点。不要期望一切都一帆风顺——要准备好应对意外（如高温、错失了一个供水站，甚至错把运动饮料当成水，浇在头上），准备好在全程中解决问题。"

1. 确定平均的比赛速度，最好确定每公里完成的时间。
2. 如果你采用匀速跑策略，要计算出每公里（或根据比赛主办方设定的间隔距离标示）的预计耗用时间。互联网上有"步伐计算器"，可以更方便地计算出耗用时间。
3. 在比赛中，随身携带"步伐计算器"：（a）跑步开始时，用不褪色墨水写在前臂上；（b）打印在纸上，折叠一下，宽松地绑在手腕上，变成一个手环，或者折叠一下，放在你的口袋里随身携带。
4. 你需要一个轻的、数字清晰的手表，方便你在跑步中可以看时间。

你可能会认为可以轻而易举地在比赛中做计算题或者记录实际消耗时间，但在漫长的比赛中，大脑不会像你期望的那样可靠。

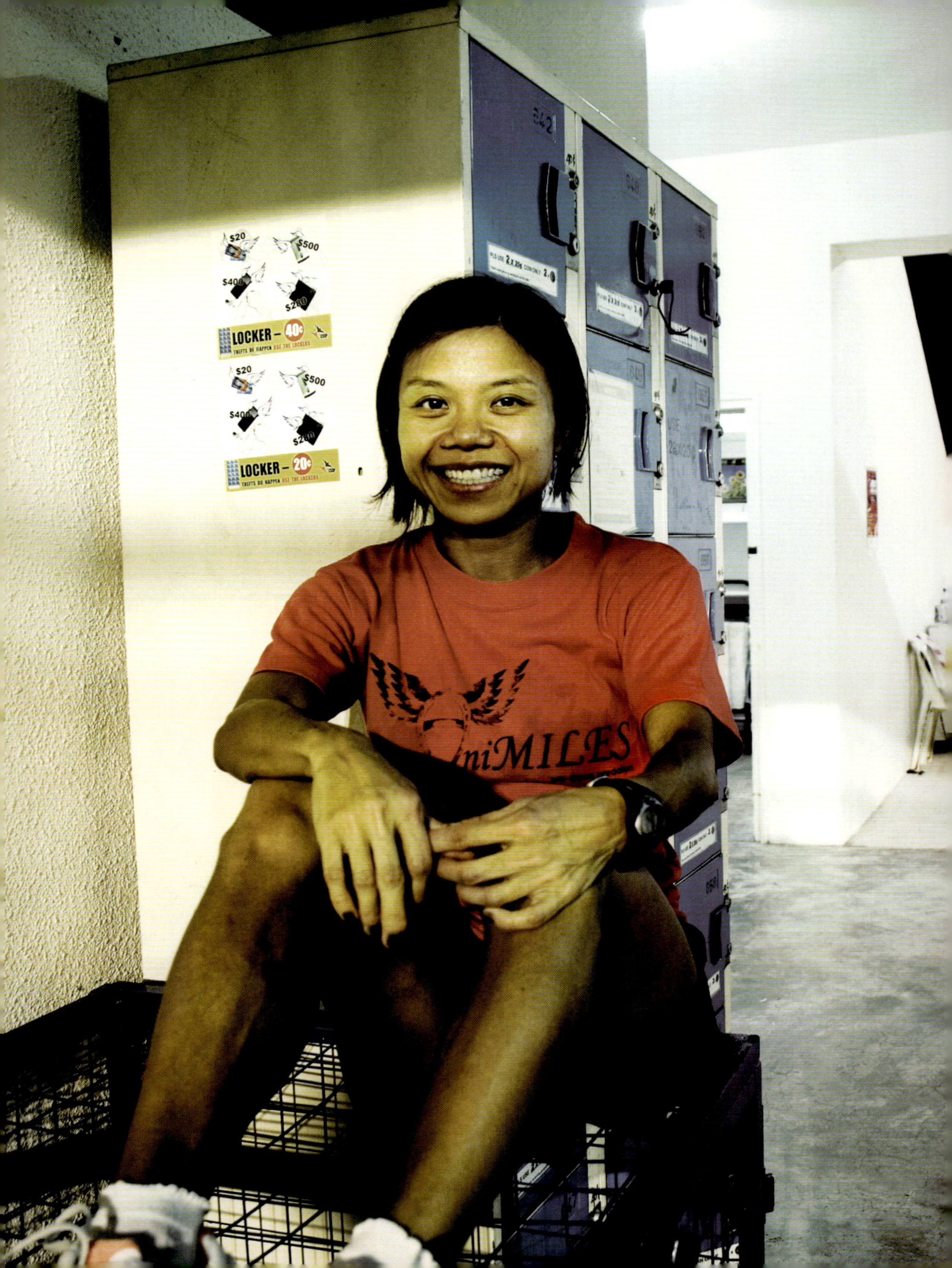
$20
$500
$400
LOCKER – 40¢
$20
$500
$400
LOCKER – 20¢

# VIVIAN TANG

　　ViVian Tang是新加坡速度最快的女子马拉松运动员，以匀速跑和后半程加速跑而出名。"对我而言，我总是按照自己的速度跑步。许多跑步者在最初的几公里跑得很快，但我会在最初的2公里或3公里时看表，确保我的速度按照计划进行。我知道这是一场长距离的比赛，所以即使对手暂时领先，那也没有关系。如果可以，我会在后面努力追上他们。如果追不上，我知道那是一个比我优秀的跑步者。"ViVian说。她在2008年新加坡马拉松比赛取得个人最佳成绩2小时56分27秒，那场比赛中，她以1小时28分14秒完成了前一个21公里，以1小时28分13秒完成了后半程！在这次比赛中，ViVian没有被距离她最近的、刚刚在两个月前以2小时50分完成了马拉松比赛的对手扰乱步伐。"比赛开始时的1到2公里时，我们速度一致，"ViVian说，在21公里标记处经过对手后，"从那之后，她就消失啦！"

这里有更多关于保持比赛速度的技巧：

- 在训练中进行速度跑，感觉一下真正的比赛速度——经验丰富的跑步者，即使不看手表也可以保持准确的比赛速度。
- 和一位经验丰富的跑步者（其配速是你的期望速度）一起提前准备比赛。最好在赛前训练中，熟悉彼此配速的能力和习惯。比赛中，一起开始、一路相伴、相互合作、互相帮助、保持速度。
- 练习在跑步中喝水——不一定要放慢速度。
- 为了在计划时间内完成比赛，比赛开始时要站在栏杆前。在一些比赛中，主办方要求不严，跑得慢的选手可能会在接近起跑线的位置穿过栏杆。尽早到达栏杆前，以免被其他跑步者占据。
- 在比赛期间，自然的趋势是随着人群，与你周围的跑步者同步。如果你周围人的配速与你一致，对你完成比赛很有帮助。但是如果他们设定的速度与你不同则会扰乱你的速度。因此，我喜欢与我速度一致的同伴一起完成马拉松比赛，这样我们可以互相帮助保持同步。
- 一些马拉松比赛主办方会提供同步者——这些通常是有经验的跑步者，他们可以准确地保持速度。如果他们的速度和你一致，就可以跟随他们。
- 至少在前10～21公里时，保持速度——不要比计划速度快太多。如果看到自己在比赛初期阶段比预计时间提前20分钟，不要高兴得太早——麻烦在后面等着你。
- 最后的10公里或更远距离时你的实际速度可能与计划速度相距甚远。在最后的10公里保持注意力，要在全程及时补充水分和能量，而不是等到最后10公里来补充。

比赛最艰难处就是最后10公里——通常情况下，你会发现身体开始不受控制，当你想要更快时，身体不会服从命令。除了平时加大训练强度增强体质外，精神力量至关重要。使用积极图像（例如，想象自己成功穿越终点线）和过程思维（使用关键短语使身心专注于手头的任务）有助于保持步伐规律，集中注意力。例如，出现身体疲劳时我不断对自己说"反弹"（提醒自己利用技巧形成反弹力并利用反弹），我回想着Samuel Wanjiru（2008年北京奥运会马拉松男子金牌得主）的跑步方式，让我的身体遵循着最优步态不断前进。

消极想法会很自然地潜入你的脑海，例如，"为什么我不直接放弃呢？"或"我讨厌这个！"用积极的意象和积极的自我暗示取代这些想法，比如"哇，跑步好爽呀！"或"这就是我一直等待的！"自言自语时，避免使用消极词语，如"不要慢下来。"相反，告诉自己"坚持下去。"尽管两句话意思相同，但通过使用短语"慢下来"，那么慢下来这个动作会进入你的脑海，你就会不自觉地真的慢下来，即使它之前加了"不要"。下面是一个例子："不要想柠檬有多酸。"但你看到这名话时，是不是被酸到流口水？

"比赛策略中最重要的是相信自己。也要相信你为这个重大的日子付出的所有，相信自己的节奏可以完成目标——不论能否赢得比赛，设定个人最好目标，或者只是完成这次比赛。"

—— Jeanette Wang，
2次日落超长马拉松比赛冠军，新加坡顶尖铁人之一

## 拖拽

赛车比赛可以用到它，公路自行车比赛可以用到它，跑步者也能用到它！跑步者在跑步时，遇到空气阻力，会造成能量消耗。空气阻力随着配速、逆风程度、空气密度（周围环境越冷，空气密度越大）的增加而增加。所以紧跟在另一个跑步者后面跑步，把他作为盾牌，可以节省一些能量，这被称为拖拽。

拖拽在赛车和公路自行车比赛中无疑是有益的，但在跑步中受益微小。只有配速超过预估阈门值18公里／小时或遇到强烈的逆风时，才能突显出能量储存的重要性。但有一个有益的心理效应——跟着领先者跑可以集中注意力，更容易坚持跑下去。但是要权衡利弊，比如考虑领先者的跑步风险系数和在一群跑步者之间被包围的感觉。

在利用拖拽时要利用领先者的气流，尽可能靠近他，直接跟在他后面跑。如果风从侧面吹来，那么跟在领先者后面，在下风向人体避风港处跑步。

## 马拉松赛前清单

你为马拉松比赛准备了很长时间，当然不希望在比赛前和比赛中出现任何问题。所以尽量不要出错，不要尝试陌生的事物。检查下面的清单以确保没有任何"意外"发生。

- ☑ 在马拉松比赛前几天做一次侦查跑，熟悉比赛路径，尤其是具有挑战性的路段。可以针对这些路段进行想象锻炼，做好心理准备。
- ☑ 从比赛开始阶段到后期工作，你要决定几点起床（在比赛前一两天，习惯在这个时候醒来）、拿多少交通费、停车、存包、去卫生间（预计队伍会很长）、伸展运动和热身。
- ☑ 在赛跑前5到14天，逐渐减少训练量。
- ☑ 在比赛前2到3天，补充足够的碳水化合物和水分。
- ☑ 提前检查你的比赛背包，查看比赛网站最后一分钟的更新内容。
- ☑ 记住供水站和能量胶站的位置。计划你将在何时补充碳水化合物和能量胶。
- ☑ 想象比赛路线。
- ☑ 由于赛前紧张，跑步者可能在比赛前一晚睡不好。因此，在赛前两天的晚上，确保你有足够的睡眠。
- ☑ 比赛前一天，缝好比赛号码布，调好手表，准备好跑步服装和鞋子。把能量胶包放在你的短裤口袋中。准备好速度安排表、定好闹钟。让参加同一场比赛的朋友（或酒店）打电话叫醒你。检查最新的天气预报。
- ☑ 早睡，但不能过早，否则你可能难以入眠。
- ☑ 比赛当天，醒来后少吃一些早餐，补充液体。排空膀胱和肠道。如果你习惯沐浴，那就做好准备。把速度安排写在前臂上，或者带上你的速度手环。
- ☑ 到达比赛现场时，抹一些凡士林以防止任何擦伤，存好包，再次排空膀胱，走向起点。在起点附近做热身和伸展运动。
- ☑ 在等待开始时，在脑海里回忆一下比赛计划。记住不要在比赛开始时跑得太快，要在全程补充水和能量。

　　以上清单准备好后，再次检查完比赛细节（一旦你从比赛网站上搜索出了信息，就要及时打包整理），你需要的关键信息包括比赛的开始时间（不同类别的比赛开始时间不同）、比赛地图、比赛地形、起跑区域和结束区域的位置地图、标记之间的间隔距离、提供的运动饮料品牌、供水站位置、预计的天气情况、如何到达比赛地、交通信息（如道路封闭、停车）。

## 在此处坚持一下！

Khoo Swee Chiow，是新加坡最著名的冒险家，他已经两次登顶珠穆朗玛峰，在南、北两极滑过雪，登顶七大高峰（七大洲七个最高峰），横渡39千米的马六甲海峡。Swee Chiow还是两大吉尼斯世界纪录保持者：水肺潜水最长时间220小时，滑冰旅程从河内到新加坡全程6088公里。

Swee Chiow 与我们分享了是什么使他一直前行。"在耐力赛中，永远是思想控制行为。当比赛进行到艰难时期，为了坚持到底，我寻找理由去证明这种痛苦是值得的。我告诉自己，痛苦是暂时的——只要我不会死亡或遭受严重的永久性损伤，我就能坚持下去。如果我真的跑不动了，我可以走但我不会停止。暴风雨不会永远持续下去，风会停止，太阳会再次照耀大地。我只要再坚持一下。

回忆过去——如果我能登顶珠穆朗玛峰，在南、北极滑雪，此刻我依然可以坚持到底。我回放着旅行中的积极画面，如在高海拔地区欣赏神话般的日出日落，从世界之巅观望一切时的激动心情。

努力忍受——如果我现在放弃，那就浪费了数月的准备。

所爱的人的等待——我的家人在家里等我，让我继续前进，完成整个比赛。我越早完成这项挑战，我就可以越早回家。

留下一笔财富——如果我放弃了，用什么来教导我的两个孩子？我用什么例子讲给他们听？"

## 顶尖级选手的建议

- 比赛倒计时——在冰箱门上贴一张比赛100天倒计时表

- 做出必要的牺牲——在星期天早晨进行长跑训练，避免在星期六晚上训练

- 激励自己——寻找跑步的动力。例如，当你觉得失去动力时，去找一本名叫《跑步者》的世界杂志。它会帮助你重新调整状态，让你在下一分钟想要跑步

- 想象比赛路线——开车经过比赛路线或训练时经过某些比赛路线。睡前在你的心里回忆一下比赛路线

- 为意外做好准备——总要有一个备选方案。例如，如果你在准备阶段生病了，你就要用一周休息代替一周强度减少的训练

- 把比赛分解成很多小块——在起跑线时，不要担心是否会完成比赛。相反，想想到达10公里大关时的微笑，20公里标记处时与家人和朋友挥手致意，在30公里标记处为自己竖起大拇指，最后在42公里标记处，笑着完成最后的195米

- 比赛后要做什么——不论结果如何，享受一个短暂的休息，感激和庆祝比赛的整个过程而不是结果，因为你已经到达终点线

G. Elangovan
三届新加坡马拉松比赛冠军

# 09. 远离受伤

>>Adele Ang、Shamsynar Ani、Jason Chia、naomi Chua、Sharon khoo、Darek Lam、Fabian Lim、Jessie Phua 和Roger Tian编写

受伤是每个运动员的噩梦。我们训练得越努力会提高得越快,但是有一个收益递减点或受伤阈值(见图9.1)。超过这个阈值,我们的成绩就会下降,我们会遭受一系列的过度伤害,会将自身置于可怕的过度训练综合征的危险之中。

受伤阈值因人而异——跑步者像Paul Tergat可以每周跑300公里同时身体不会受到伤害,而其他人每周跑20公里,就会遭受疲劳性骨折。同一个人在他不同的运动生涯阶段,受伤阈值也会有所变化。因此,跑步者需要清楚地了解自己的身体,在受伤发生前就感知它,识别它的早期征兆,以便迅速地控制伤害。识别它的早期征兆并能够迅速地加以控制,将会减少停滞期。

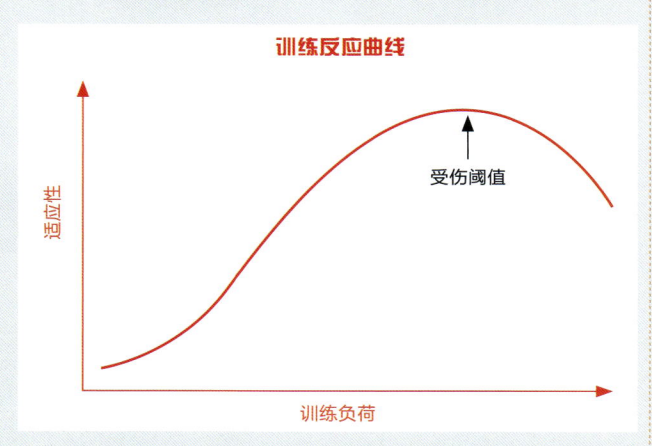

图 9.1 训练适应性随着训练负荷的增加而增加,直到达到受伤阈值

受伤的原因除了训练错误导致跑步受伤占60%外,设备故障(如破损的鞋子)、超重、生物力学异常(例如内翻过度、脚踝僵硬)或骨骼(如错乱排列)、肌肉紧张和肌无力也会影响阈值,增加受伤的风险。

跑步是一项高强度的运动——受到速度、地形、鞋子情况、后脚跟运动产生的地面反作用力等因素影响,压力可以在体重的1.5倍到5倍间变动。草地会削弱地面反作用力,而下坡奔跑大大增加了地面反作用力。肌肉、肌腱、关节和骨骼下肢首当其冲受其影响。因此,三分之二以上的伤害都会影响这一区域也就不足为奇了。

重要的是要确定跑步受伤的根本原因或原因,以便可以解决跑步受伤。否则,受伤将会复发。对受伤的跑步者的管理包括症状缓解以及避免对受伤组织造成进一步伤害。康复理疗通常需要促进愈合和矫正肌肉失衡。

下肢运动系统会有一系列的连锁反应，一个关节出现问题，其他关节也会受到影响。为了减少伤病复发的风险，应该识别伤病出现的原因，并及时解决。预防胜于治疗，因此，所有的跑步者应该养成良好的习惯，如采取逐渐增加里程、定期检查鞋子是否有磨损的迹象，并灵活性地调整训练，确保它们"适合跑步"。疼痛或不适是问题出现的警告，跑步者应该学会倾听自己的身体，注意这些迹象。

## 过度训练综合征

运动员超过一段时间的高强度训练后会引发过度训练综合征。不但不能取得进步，反而会出现能力下降，甚至在休息了两个多星期后，依然不见好转。大约70%的高水平耐力运动员在职业生涯期间已经经历（或将要经历）过度训练。要警惕的迹象和症状有：

- 静息心率增加（早上起床之前测量）。每分钟增加超过6～10下是显著的发病症状
- 食欲不振
- 体重减轻
- 睡眠障碍
- 情绪不稳定（愤怒、焦虑、易怒、抑郁、冷漠、注意力不集中）
- 早期疲劳
- 频繁而持久的感染

## 常见的跑步损伤

每年，25%～70%的跑步者会遭受运动伤害而影响他们的训练。但与其他运动，如骑自行车、踢足球、滑雪相比，跑步受伤的概率要低2～6倍。图9.2中列出了跑步者常见的受伤部位。

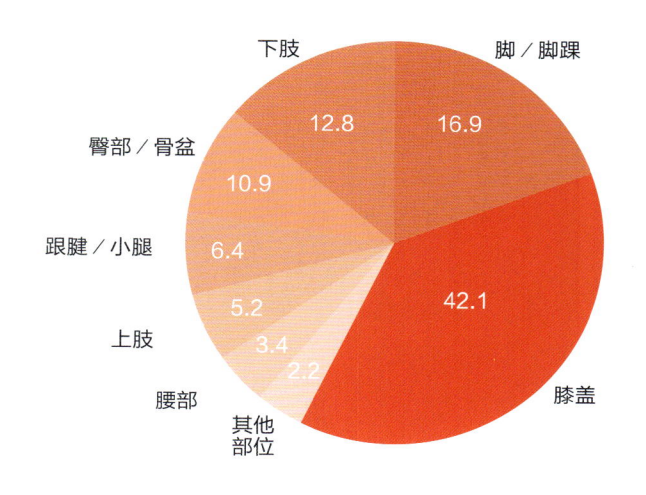

图 9.2 跑步者常见的受伤部位
来源：Taunton Je et al., 2002运动受伤病例回顾性分析. Br J 运动医学中心 2002；36：95-101

常见受伤包括髌股疼痛综合征、髂胫束摩擦综合征、足底筋膜炎、半月板受伤、跟腱受伤、肌肉紧张、内侧胫骨应力综合征、应力性骨折和皮肤病。接下来主要讲解比较常见的跑步受伤，目的是提高受伤风险意识，让跑步者可以及时寻求帮助。理解受伤机制以及导致常见跑步受伤的内外因是防止受伤的先决条件。该列表并非完整地列出了所有情况。你的运动医生会有一个诊断，并在运动理疗师、运动伤害防护师、足病医师和其他临床医生的帮助下治疗你的伤痛。

## 髌股疼痛综合征

髌股疼痛综合征（PFPS）是长跑运动员，尤其是女性最常见的损伤。它也被称为跑步者膝盖或软骨软化（CMP）。这种情况是由于大腿骨（股骨）V型滑车中的膝盖骨错位造成的。膝盖骨起伏运动被称为股骨末端的滑车现象。当错位发生时，膝盖骨滑向槽的一侧，像一列火车的一个轮子脱离了轨道。这就产生了两根骨头之间过度摩擦，伤害了髌股关节的软骨支架（见图9.3）。

髌股疼痛综合征还导致膝盖骨周围或下方疼痛。在做一些膝盖必须弯曲的活动，如跑步、爬楼梯、下蹲、长时间坐在拥挤的电影院或飞机等地方，往往很痛苦。主要表现为会有折断的感觉或有"噼啪"的声音。

远离受伤

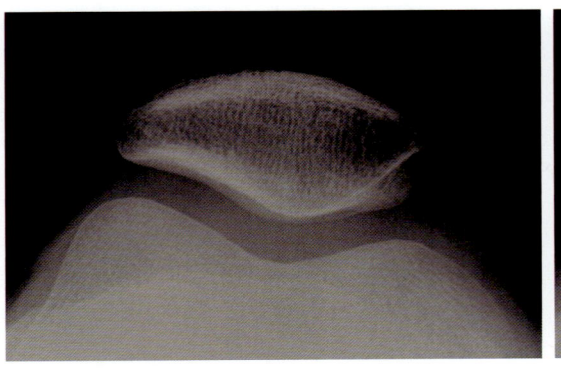

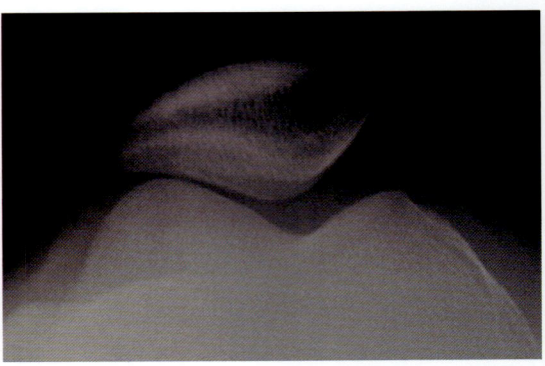

图9.3 膝盖在股骨的滑车（槽）上。左边的x射线显示了位于中部的膝盖骨位置。右边的X射线显示了膝盖骨错位，向外倾斜（横向方面）

髌股关节承受着巨大的压力——在水平地面上跑步时要承受3倍的体重压力，上楼梯时2.5倍、下楼时3.5倍、膝盖弯曲呈90°半蹲时7.5倍重量。当错位发生时，压力会进一步增加。由于紧髂胫束（ITB）的横向拉伸和肌肉的连接作用（如外股四头肌和腿筋、臀中肌、股大肌），股内侧斜肌（VMO）无法充分抵消拉力，导致膝盖骨在发生错位时，总是向外侧倾斜（膝盖向外）。从解剖和生物力学因素来说，如宽臀部，肌肉过度内旋和扁平足（平底足）也可以改变膝盖骨位置。

髌股疼痛综合征十分痛苦，但是在早期阶段情况并不严重，因为此时的疼痛是由于摩擦／压缩力引起的，并没有造成结构性破坏。如果不及时治疗，髌股关节的软骨磨损将不可逆转，会导致更严重的疼痛和关节肿胀。因此，髌股疼痛综合征和导致错位的因素应该在结构损伤发生之前予以治疗，必要时将会采取介入治疗方案。

你的运动理疗师会教你如何伸展你的髂胫束（见图9.4）。肌肉附着在髂胫束上，让软组织对其按摩，并强化股内侧斜肌。需要找到并解决其他影响因素。在4～6周，通常需要矫正不协调肌肉，你需要用低负荷运动，如椭圆训练机、自由泳或骑自行车代替1或2个阶段的跑步。在训练中，使用体育带保护膝盖骨位置来缓解疼痛感，可以暂时缓解症状。

## 髂胫束综合征

髂胫束（ITB）是一个厚纤维群组织，从臀部一直延伸到大腿的外侧部分，并附着于胫骨上（见图9.5）。当直立时，它处于骨关节突出的（侧股骨上髁）股骨前面。当膝盖弯曲和伸展时，比如在跑步过程中，髂胫束在突出的股骨前面来回移动，从而产生摩擦，最大弯曲度可达20°～30°。

如果摩擦过多，以局部炎症和过敏为征兆，可能发生髂胫束收缩、髋外展肌疲软、过度训练及髂胫束综合征（ITBFS）。通常在达到某个阈值里程时，膝盖外部会疼痛。当髂胫束经过称为大粗隆的骨突出的髋关节处，基本感觉不到摩擦疼痛。当运动员继续跑步时，疼痛感加剧，并可能严重到足以阻碍跑步者完成半程或全程马拉松比赛。下坡跑，会使症状恶化，而短跑和水平地面跑步疼痛感相对减轻。

图9.4　髂胫束从左臀部拉伸到大腿的例子

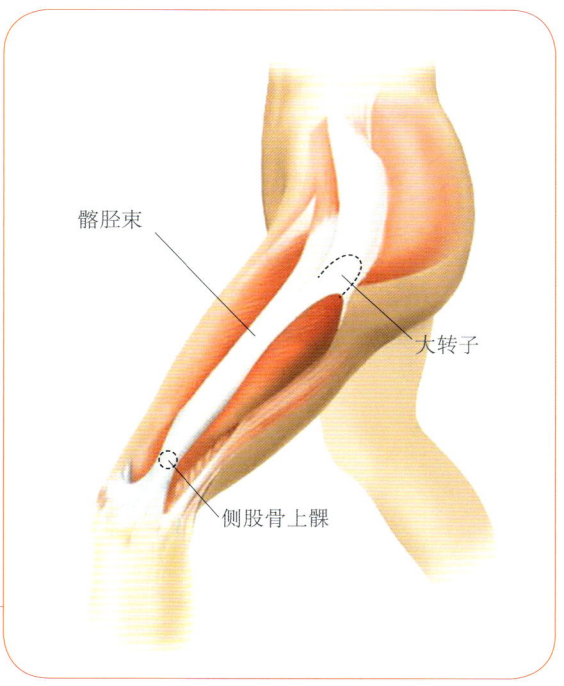

图9.5　髂胫束（ITB）在侧股骨上髁和股骨粗隆间摩擦（按箭头方向移动）

可以使用抗炎药物或冰来缓解疼痛。症状严重时，你的运动医生可以采取局部注射可的方式来缓解疼痛。运动员应该每天拉伸髂胫束及其附着肌肉，伴以软组织按摩，减少髂胫束和外侧股骨上髁的摩擦。髋外展肌疲软需要得到进一步强化。在长跑中，在达到阈值里程前，要停下来进行髂胫束拉伸（见图9.4），然后继续跑步。通过手术释放或延长髂胫束，治疗顽固病例。

**髌骨肌腱炎**

重复的运动负荷会导致髌腱和膝盖骨联结处牵拉损伤。当碰触膝盖骨的脆弱端时，腱骨联结处轻微撕裂会造成轻度退变性损伤（见图9.6）。负荷累积越多，风险越高。那些超重者的股四头肌薄弱、脚内侧纵弓高，高强度训练或过度增强式训练（如跳跃）有可能会引发髌骨肌腱炎。

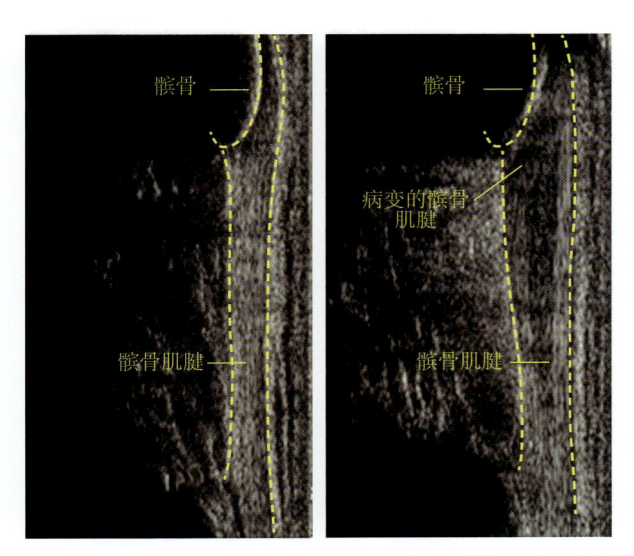

图9.6　同一个病人的左右两膝上，左侧是正常的髌腱和右侧是病变的髌骨肌腱。下面的超声波扫描显示了膝盖下方延伸至髌腱有一个暗的、三角形的病变

由于疼痛在早期阶段通常是可以忍受的，所以往往跑步者去看医生时，病症已经进入了中后期。

髌骨肌腱炎往往是慢性的、抗药性的。为了促进治疗过程，可能会采用体外冲击波疗法（ESWT）（请看第142页方框内的文字），同时要在6～12周的时间内停止负荷运动，伸展和强化股四头肌肌肉改善吸震作用，减轻腱骨连接处的负荷。可利用其他生物力学原因，如训练演习、鞋、高内侧弓脚，进一步减少冲击力。

## 半月板损伤

半月板是两块C型覆盖股骨保护软关节软骨的纤维软骨，作为双膝的减震器（见图9.7a和图9.7b）。受到冲击力或突然旋转时（例如，为避免障碍物，横跨一大步）肢体承受的重量可以撕裂半月板。多年来累积的负荷可能导致退变性撕裂，中年跑步者常会出现此类状况。

疼痛和压痛的位置与撕裂处相对应，可能在膝盖内侧、外侧或者后侧。蹲起、扭动、旋转或高负荷活动都可以引起疼痛，并可能导致膝盖轻度至中度肿胀。

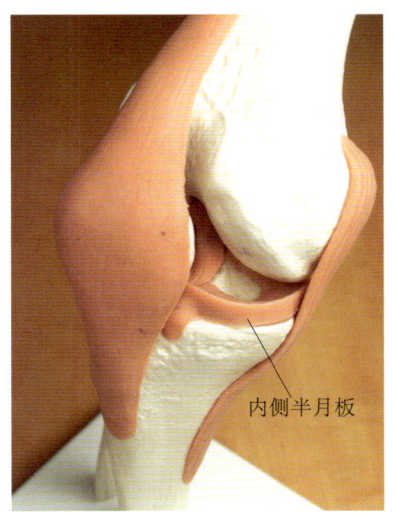

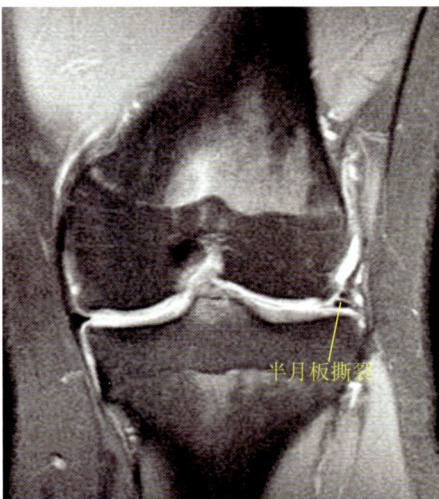

图9.7a（左）　右膝的侧视图显示了C型内侧半月板

图9.7b（右）　磁共振成像（MRI）显示了半月板撕裂，内侧和外侧半月板在膝盖处起着减震器的作用。然而，内侧半月板撕裂更常见

远离受伤

根据撕裂的大小、位置和类型，有些半月板撕裂通过保守治疗可以治愈，而其他的需要关节镜检查（微创手术）来修复或修剪半月板的撕裂部分。你的运动医生会帮助你区分它们，并针对是否需要一个核磁共振成像（MRI）扫描给出相应的建议。保守治疗包括4～6周的最大程度避免所有痛苦和受力的活动，如果需要，同时采用物理治疗及消炎药物来治愈膝盖肿胀。

## 肌肉酸痛和肌肉紧张

训练后，轻微的肌肉酸痛或紧绷感很常见，特别是在间歇跑训练后。短期内肌肉的负荷度超出了其适应范围（即负荷过度）是训练和适应性形成的一部分。训练后的酸痛感被称为延迟性肌肉酸痛（DOMS）。这是无害的，不是一种运动损伤。如果你的训练强度适中，那么第二天你应该感到轻微疼痛。如果你感到特别疼痛以至于要小心翼翼地站起来或者下楼梯，那么你可能训练过度。通常延迟性肌肉酸痛在高强度训练后的48小时达到顶峰，在5天内逐渐缓解并恢复。拉伸、运动按摩、恢复跑和交叉训练有助于减轻延迟性肌肉酸痛，增强身体恢复能力。

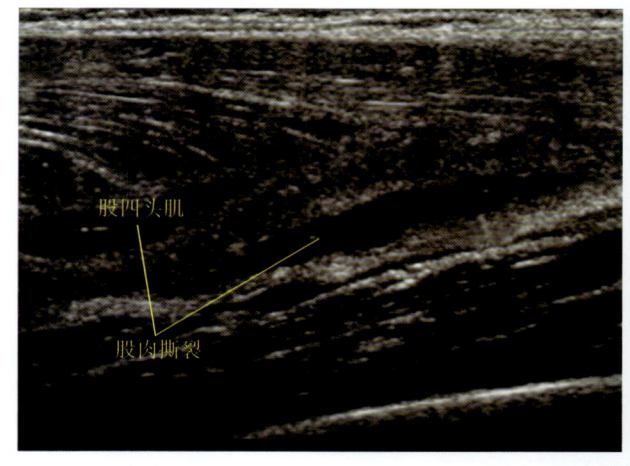

另一方面，肌肉拉伤则更为严重，因为肌肉拉伤是实际的肌肉损伤。一级拉伤，有极轻微的肌肉撕裂；二级拉伤，部分撕裂处有撕开的小口；三级拉伤，撕裂处有明显的缺口，并有血液（血肿）堆积。肌肉拉伤比延迟性肌肉酸痛范围小，但是更棘手，在严重的情况下，可以明显看见撕裂处的缺口或挫伤。通常在训练中突然感觉到疼痛，但是疼痛适中，只有在训练后才会觉察。肌肉撕裂或拉伤的通常部位是小腿、腿筋、四头肌、臀肌。压痛或疼痛的程度可能与撕裂的严重程度无关，通常很难通过物理测试判断撕裂的等级。医生需通过快速超声波扫描，从而鉴定撕裂等级，以便选择适当的治疗方案（见图9.8）。

图9.8 超声波扫描显示两个肌肉撕裂在运动员的股四头肌中堆积的血液（血肿）

肌肉紧张的急救管理包括R-I-C-E体制：

- 让受伤的肌肉休息
- 冰敷15～20分钟，每天3～4次
- 绷带或Turbigrip袜缠住（一种类似长袜的加压包扎绷带，多用于扭伤部位）
- 抬高受伤的肢体

避免受热、强力的按摩或过度拉伸，因为这样会导致流血增多和损伤。大血肿可能需要在超声波的指导下疏通。根据拉伤严重程度休息2～6周不等。重要的是，必须恢复肌肉的弹性和力量，然后才能继续到完整的训练中来。那些仅仅休息到疼痛消失就继续跑步中来的人，肌肉的弹性和力量并没有恢复，很容易导致伤痛复发。

## 足底筋膜炎

足底筋膜是一个结实的三角片状纤维组织，它从跟骨延伸到脚趾底面（见图9.9）。除了帮助保持足纵弓外，它还有助于减震和节能。在走路和跑步过程中，后脚跟着地后，弯曲弧度下降约1厘米。这拉伸了跖腱膜，反冲阶段时实现回弹，返回存储能量80%。

足底筋膜反复牵拉附着的愈合骨，如果过度会导致轻微撕裂和退化，引起肿胀和疼痛（见图9.10）。

图9.9　足底筋膜有助于内侧弧度弓起。当负荷量过大时，附着于跟骨处的足底筋膜末端会肿胀

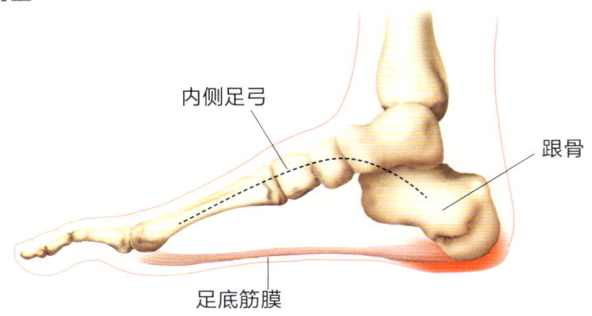

足底筋膜炎在超重、扁平足或高弓，或者需要脚长时间受力的人群中是常见的。

足底筋膜在跟骨处的慢性牵拉可能随着时间的推移，导致牵拉性骨刺的形成，并由此得名"跟骨骨刺"。值得注意的是牵拉性骨刺是结果——而不是原因，因此去除它并不能明显减轻牵拉或疼痛。

其征状是在卧床休息、久坐后进行跑步或者走路时感受到脚跟处有疼痛感。另外，直接对足底筋膜附着处施压（脚后跟内侧）可能会引发触痛。正常足底筋膜附着于跟骨的厚度要小于4毫米。超声波扫描足底筋膜炎，会显示足底肿胀（见图9.11）。不需要用X射线进行诊断，因为如果骨刺存在，X射线的作用也是微不足道的。

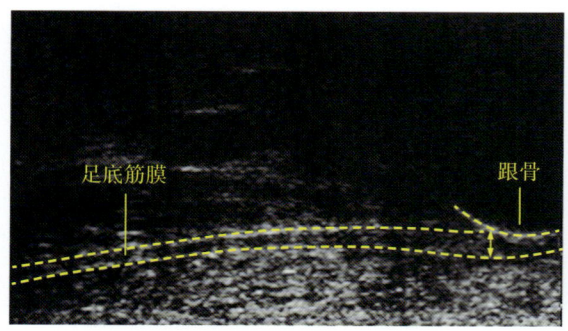

图9.10　超声波扫描的正常的足底筋膜厚度为2.9毫米 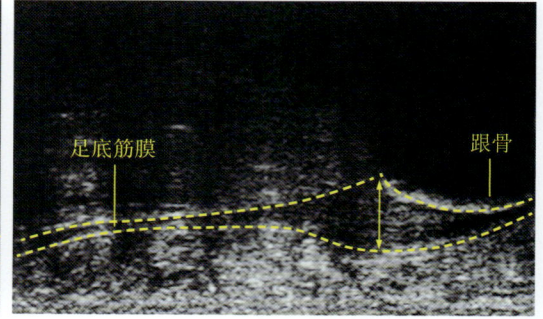　　图9.11　超声波扫描的肿胀足底筋膜厚度为6.5毫米

足底筋膜肿胀可以通过口服消炎药物和物理疗法进行治疗，注射可的松或体外冲击波疗法（ESWT）予以治疗使其恢复正常。对于跑步者来说，足底筋膜不推荐注射可的松，因为这会增加断层破裂的风险。通过定制矫正（足底筋膜内侧弓支持、位置和肿胀区域的孔径）和足底筋膜伸展来减少足底筋膜内的牵拉力量。如果上述方法不足以减少牵拉力量，可采用脚部绷带进行额外保护。

## 跟腱受伤

跟腱是身体中最厚和最强的肌腱（见图9.12a），约长37厘米，它的弹性性能在能量节约方面发挥着重要的作用。当脚跟落地时产生了潜在的能量，随后被储存在被拉伸的腱处，这会弹回并返回近35%的能量。过度损伤会对跟骨附着处（跟腱末端）或跟骨上方大约4~6厘米处（中部）（见图9.12b）产生影响。超重、前脚着地、过度内翻、扁平足或高纵向弓、小腿紧张、小腿虚弱无力和高强度训练的人群，其跟腱极容易受伤。

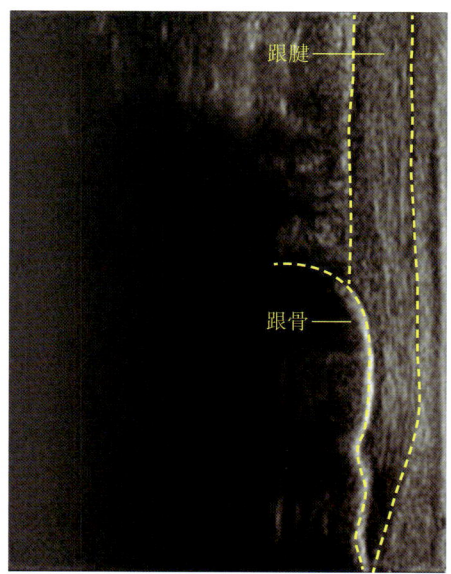

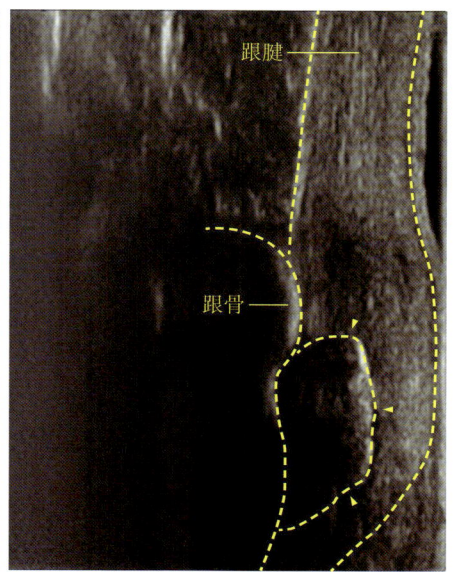

图9.12 a　正常跟腱，有均匀的厚度，呈锥形附着于跟骨上。在没有肿胀和钙化的前提下，肌腱成束状

图9.12 b　跟腱末端病。大量钙化（箭头）积累在附着于跟骨的跟腱上

疼痛的发生是渐进的，在训练后或清晨疼痛感加剧。一些活动，如跑步时蹬地、爬楼梯、用脚尖站立可能会引发疼痛。突发的、剧烈的疼痛通常被描述为后脚跟被踢的感觉，这预示着肌腱的断裂。

冰敷、消炎药物和物理疗法有助于缓解疼痛。矫正鞋垫比如抬高脚跟可以帮助减少肌腱上的负荷。跟腱由于自身供血系统不佳，所以愈合缓慢。为了加速跟腱复原进程，可以使用体外冲击波疗法，尤其在治疗跟腱末端时。与此同时，需要确认损伤发生的生物力学原因；如有必要，在完全恢复跑步前做一个视频步态分析，并解决相应存在的问题。

## 体外冲击波疗法

冲击波，于1980年首次用于治疗肾结石（体外冲击波碎石术），1988年开始用于治疗骨折不愈合的情况。自20世纪90年代以来，冲击波已经用于治疗退变性腱骨损伤（体外冲击波疗法，ESWT）。这样的腱骨损伤包括足底筋膜炎（见图）、跟腱末端病、髌骨肌腱炎、网球肘、高尔夫球肘和钙化冈上肌腱病。焦超声引导下的冲击波已经被证明可以通过刺激局部生长因子的释放促进愈合，它的愈合效果可以达到80%。治疗期间，感觉就像内心深处被一个小锤子在敲击。

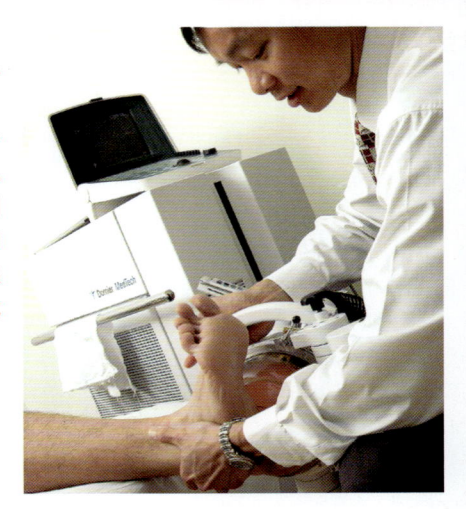

## 内侧胫骨应力综合征

"胫骨夹板"是一个古老的笼统术语，可以应用在许多胫骨问题上，所以最好避免使用它。内侧胫骨应力综合征（MTSS）是由于对小腿肌肉深部过度牵拉，这些肌肉在脚趾离地和落地时被激活导致疼痛沿着胫骨的内部边界逐步扩散。迅速加大训练负荷往往容易产生内侧胫骨应力综合征，因此在训练周期开始后，要有几周的适应时间。深处小腿肌肉有助于支撑脚部内侧纵弓，这些肌肉往往对于扁平足的人负荷过度，导致内侧胫骨应力综合征。

它的疼痛部位类似于胫骨应力性骨折处，区分内侧胫骨应力综合征和应力性骨折意义重大。这是因为两者的治疗截然不同——一个跑步者被诊断为内侧胫骨应力综合征，他是可以继续训练的，而得了应力性骨折的跑步者在治愈前要完全停止跑步。

内侧胫骨应力综合征可被看作是一个适应性的问题，主要原因是附着于小腿深处的肌肉还没有适应训练负荷。通过减少训练负荷，比如减少20%，然后保持这个强度，给附着肌肉更多的时间来适应和巩固。一旦疼痛减轻，训练负荷可以增加。通过软组织按摩、拉伸小腿深处肌肉和利用正确的生物力学因素可以加快适应能力。

## 应力性骨折

骨头对重复负荷的反应是一个骨组织不断形成并消耗的过程，其目的是使骨头可以承受更多压力。如果骨骼反应速度不能与负荷增加的速度同步，最终就会发生应力性骨折。容易得应力性骨折的其他因素包括错位（如高内侧弓）、肌无力（肌肉对减震很重要）、跑步步态、强度训练地表、在沙地上跑步（沙子过多抑制了反作用力，剥夺了身体的回弹力）和体重超重。跑步者的胫骨、腓骨、跖骨、舟骨（足中骨头）骨盆骨和股骨部位容易发生应力性骨折。对于由于快速地过度减肥导致雌激素荷尔蒙缺乏而出现停经的妇女以及绝经后的妇女也是骨质疏松和应力性骨折的高发人群。

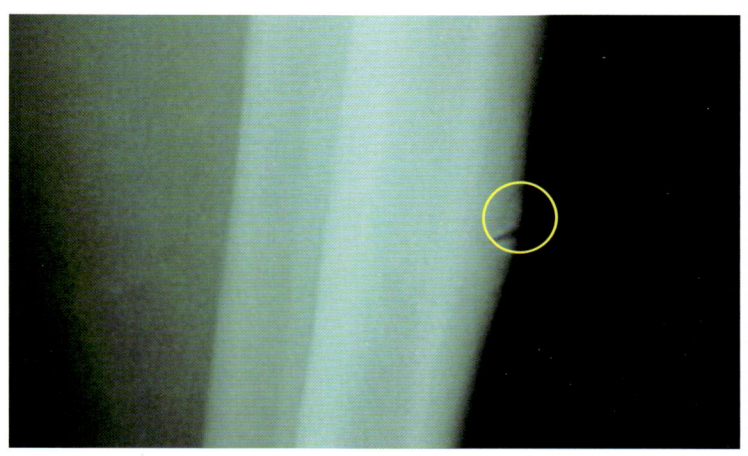

图9.13　X射线图显示了一位32岁女选手的前胫骨边界的慢性应力性骨折

疼痛的发作是渐进的，通常随着负重活动的进行而逐渐加剧，压痛的焦点区域对骨头产生影响。在开始阶段，应力性骨折不能通过X射线检测出来（见图9.13）。如果通过核磁共振成像（MRI）扫描，将显示出局部面积骨肿胀（骨髓水肿）。如果运动员忽略了应力性骨折症状而持续进行训练，将会形成真正的骨折。

远离受伤　143

患有应力性骨折的跑步者要休息一段时间，骨愈合缓慢，不能贸然行事。及早发现应力性骨折意义重大：如果症状出现不超过3周，那么平均恢复时间是10周；如果诊断后发现症状已经超过3周，那么平均恢复时间是18周。为了迅速复原，所有冲击性运动，特别是跑步必须停止。一个常见的错误是跑步者在疼痛停止后就立刻恢复训练。这会导致伤痛复发，因为疼痛会在完全康复之前就停止，但并没有完全愈合。你的医生会基于应力性骨折的严重程度，建议你需要停止跑步的时间。对于恶劣和慢性病例，可能需要手术。在恢复期间，深水跑（参见145页）是保持健康的一种好方法。利用这个机会进行交叉训练（如骑自行车、游泳、划船），做一些阻力训练及加强核心练习。

## 慢性骨筋膜室压力综合征

腿部肌肉通过纤维筋膜被分成几部分。跑步时，当肌肉充血时会发生扩张。通常筋膜会随着肌肉的扩张而延伸，使肌肉筋膜室不至于承受过大的压力。但如果筋膜变得僵化（例如由于重复伤害导致的疤痕甚至疤痕不断增厚），跑步时，压力也会大大上升，导致痛苦加剧。血液流过筋膜室可能会受到筋膜室内神经的阻碍和压缩，会出现脚部麻痹，而肌肉通过筋膜的缺陷区域可能会隆起。

慢性骨筋膜室压力综合征的跑步者在休息时不会感到疼痛，当跑了几分钟后，就会感受到沉闷的疼痛和紧绷感，如果继续跑步会疼痛加剧形成难以承受的胀破感。触诊（检查触摸）时肌肉变得紧绷和僵硬。当停止跑步时，需要10分钟以上才能减缓疼痛。为了确诊，需要当疼痛达到顶峰时，将导管插入骨筋膜室，记录骨筋膜室的压力。

为了治疗慢性骨筋膜室压力综合征，可以通过肌筋膜释放技术和拉伸运动，试图"放松"筋膜。如果失败了，那么通过手术创建筋膜是另一种选择，可以使肌肉可以在运动过程中得以扩张。

## 深水跑步

如果你正处于冲击伤痛复原阶段（如应力性骨折），在进行交叉训练或希望提高恢复能力，深水跑步是一个很好的选择。所有的无冲击力运动形式中，它是最接近实际跑步的方式。

你需要的是一个足够深的水池，你的脚不能接触水池底部。使用一个悬浮背心或悬浮带有助于保持平衡，下面就教你如何进行深水跑：

- 进入深水池，水位与你的脖子平齐，你的脚要离开池底。
- 开始水中跑，同时要保持良好的跑步姿式。你在陆地怎么跑，在水里就怎么跑。减少不必要的动作，如摆动手臂。如果你不能保持良好的跑步姿式，则可能会形成坏习惯，当你在陆地上跑时会延续这个习惯。
- 如果稍稍向前倾，你会发现自己在水中前进。
- 沿着水池的四周来回"跑"，在间歇跑训练中，当你到达另一端时，可以短暂休息一下。
- 你四肢移动越快，水的阻力就越大，训练强度就越大。

在樟宜运动医学水疗池中心，进行深水跑步主题研究

## 骨关节炎

骨关节炎是指软骨支架关节轻微磨损与撕裂。磨损与撕裂是正常衰老过程的一部分。然而，体重严重超标、过度使用和关节错位（例如弓腿）都会加速衰老过程（图9.14）。软骨可能会软化、磨损、疏松或者溃烂。同时，关节液黏性降低，润滑关节的能力下降。跑步者的负重关节如膝、踝关节和髋关节骨容易引发关节炎。骨关节炎的症状是逐渐发生的，特别是跑步后，疼痛和肿胀会逐渐扩散。当关节炎不断严重时，关节明显变宽。

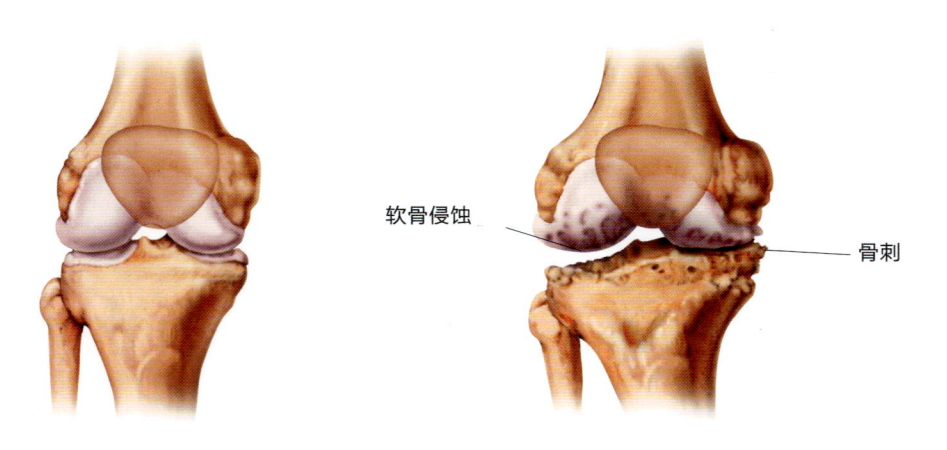

图9.14 正常的膝盖（左边）和得了关节炎的膝盖（右边）

软骨支架关节主要通过关节液获取营养。关节运动起着"泵"的作用，使关节液进入软骨基质，从而滋养了软骨细胞。因此，定期和适度的体力活动，如跑步，对我们关节健康很有意义且十分必要。

跑步者得骨关节炎不可避免吗？理论告诉我们，过度使用，最终会发生磨损和撕裂。但如何定义过度呢？这因人而异。我有一些病人已经70多岁了，他们常年有规律地训练，一年内参加几次马拉松比赛，X射线表明他们的膝盖与35岁的人没有什么不同。还有一些年轻患者，他们经常久坐不动，X射线表明他们患有骨关节炎。在骨关节炎发生后定义里程阈值是不可取的，因为这因人而异。体重和关节对齐与否对骨关节炎产生有很大影响。

个人阈值里程通过反复试验得出——对于大多数健康人来说，阈值可能高于他们的推测。

根据骨关节炎的严重程度选择治疗方法。可以通过注射可的松、增加黏弹性（关节处注射"人工润滑剂"）、关节镜清创（通过微创手术，清理关节内部）、微裂缝（导致软骨溃疡底部发生小骨折，诱导瘢痕组织形成溃疡）、对溃疡处进行关节软骨移植并最终更换关节等方法治疗骨关节炎。你的医生会告诉你哪一种方法最适合你。

葡萄糖胺和软骨素是治疗骨关节炎的常用非处方药。研究表明硫酸氨基葡萄糖，能够减缓或停止进一步的软骨损失，但它是否能够帮助新软骨再生有待考究。虽然其效果不显著（即不可能奇迹般地改善软骨病变），但是硫酸氨基葡萄糖几乎没有副作用。如果你想试一试，每天使用1500毫克硫酸氨基葡萄糖，来检测在一天中如何分配剂量无关紧要。它的功效不会在一夜之间显现，所以你需要连续用药三个月左右，看它是否有效。如果你觉得它有效果那你需要一直服用，因为一旦停止服用效果会立刻消失。

## 擦伤

跑步时相邻皮肤相互碰撞造成擦伤，如大腿内侧或腋窝下。虽然不严重，但擦伤是引发注意力分散的主要原因。可以擦一些凡士林或其他润滑剂来避免擦伤。

对于男人来说，乳头和服装之间的重复摩擦会导致严重磨损甚至出血。使用润滑剂或乳贴可以防止这种情况发生。

## 水泡

在训练或比赛中，脚底、脚趾或脚跟后可能会出现水泡，完全不用担心。它们通常是因为你穿了不合脚的鞋子或湿袜子。

为了防止水泡发生，要确保鞋子大小恰到好处。在比赛中不要穿从来没有穿过的鞋，即使你穿的是熟悉的鞋型。比赛之前去除所有已有的老茧，在容易起水泡的位置抹一些润滑油，还可以用防水泡膏药和袜子（如双层袜子）。

如果你的水泡又胀又疼，可以用干净的针挑破水泡挤出液体，缓解疼痛。但要注意保持水泡位置的清洁和干燥。

## 指甲血肿

指甲频繁撞击鞋尖会抬高指甲，使其脱离甲床，血液会在两者之间积累、造成指甲变黑、疼痛。这通常有两种原因，一是由于鞋太松造成的，这样脚会向前滑动，指尖直接与鞋尖碰触；二可能是鞋子太紧造成的。

指甲血肿很痛，因为此时指甲下血液堆积，皮肤变得紧绷，血液排出可立即缓解疼痛。你把回形针拉直，加热针尖，直到炽热为止。用针尖在指甲的顶部烧一个洞。没有必要强行穿透指甲——如果回形针足够热，它会在不受力的情况下，燃烧出一个小洞。

黑指甲需要大约6个月脱落，取而代之的是正常的指甲。在此期间，定期修剪你的指甲，这样鞋子不会刮掉指甲。

## 脚部鸡眼和结痂

鸡眼和结痂都会让皮肤增厚。结痂会造成大面积皮肤增厚，而鸡眼比较集中，它使一处的皮肤增厚。鸡眼和结痂是由于皮肤自然地试图防止压力过大或摩擦形成的。这种增厚的皮肤起初是有益的，但随着时间的推移，皮肤增厚过多会导致压力增加和不适，会形成一个恶性循环。

鸡眼处增厚的皮肤像一个圆锥，圆锥的顶部向下指向皮肤（见图9.15）。在鸡眼处施压，引发疼痛。骨突出处容易长鸡眼，如脚趾关节顶端、脚趾尖、前脚掌。干燥的地方鸡眼较硬，而潮湿的地

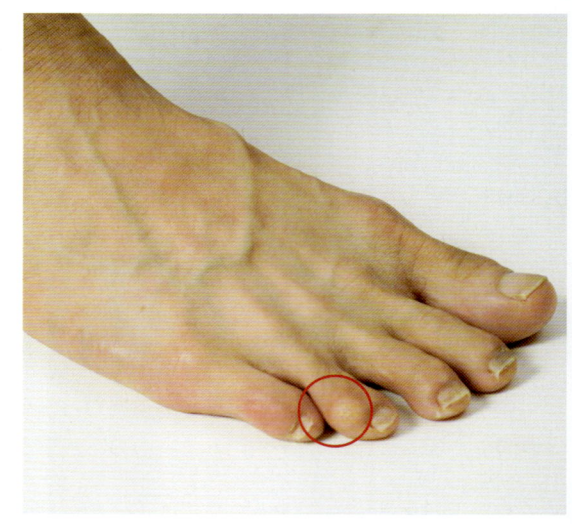

图 9.15　第四个脚趾头上有鸡眼

方，如脚趾之间，鸡眼较软。鸡眼往往被误认为是疣，同时疣也常被误认为鸡眼，因为它们看起来很相似。足底疣是人类乳头瘤病毒引起的皮肤增长。它外形如"菜花"，带着一些黑斑，近距离观察时特征十分明显。直接对鸡眼按压会引发疼痛，但只有在挤、捏疣的边缘处时，才会造成疣部位疼痛和不适。

另外，结痂由于恒压或摩擦会使面积扩大，结痂处变得很硬。对于跑步者，脚后跟、大脚趾周围和脚前掌容易出现结痂。如果情况严重，结痂下面还可生成水泡。

治疗鸡眼或结痂，第一步是要找到压力或摩擦增加的原因。足病医生可以帮助你识别和纠正原因。一旦脚力学问题得以解决，那么可以尝试治疗鸡眼或结痂本身。可以用薄刀片或浮石来祛除，但是要小心不要伤害皮肤。有些人自己进行局部涂抹药品，如水杨酸，但这种方法不能将鸡眼或结痂与正常皮肤区分开来，会导致成片皮肤被浸渍。所以让足病医生帮你去除鸡眼或结痂更加安全。

## 预防伤害

既然我们知道跑步会带来什么样的损伤，那我们为什么要等待损伤的发生呢？有些锻炼可以防止常见的跑步损伤。例如，我们知道跑步者最常见的损伤是髌股（膝盖）疼痛综合征，而髂胫束拉伸可以治疗这种情况。我们可以把髂胫束拉伸加入到我们日常的拉伸运动中，而不是等待髌股疼痛的发生，从而降低髌股疼痛综合征发生的风险。

拉伸运动、力量训练、核心训练应该有规律地进行，因为它们纠正了许多使跑步者受伤的内在因素，从而防止常见的跑步受伤。下面是一些拉伸运动和力量锻炼，你可以选择一些纳入你的锻炼计划中。

## 拉伸运动

拉伸运动可以使肌肉放松，缓解每次跑步后造成的肌肉累紧绷。紧张的腿筋、小腿和臀部肌肉会导致跑步生物力学异常，造成伤害，影响运动能力。拉伸也是跑步者恢复策略中的一部分。

每天执行图表所示的拉伸运动，包括在休息日。在跑步和健身日中，每一次跑步或健身的前后做一次拉伸运动。每种拉伸姿势保持30秒，重复3次。

**小腿肌肉拉伸**
**腓肠肌拉伸**

双手扶墙，一条腿放在另一条腿的前面，身体前倾。后腿向后方拉伸。交换双腿，重复上述动作。

**比目鱼肌和小腿肌肉拉伸**

双手扶墙，一条腿放在另一条腿的前面，身体向墙的方向倾斜。双膝弯曲，像要坐下一样。交换双腿，重复上述动作。

**股四头肌**

身体站直，抓住脚或脚踝。轻拉脚或脚踝到臀部位置。

马拉松实战宝典
150

**髂胫束拉伸**

身体直立，双手放在髋关节位置。右腿在左腿后面交叉，身体向左倾斜。交换双腿，重复上述动作。

**腿筋拉伸（选择坐姿）**

坐在地上，伸出右腿。右腿尽可能伸直，慢慢前倾，尽力碰触脚趾。交换双腿，重复上述动作。

**腿筋拉伸（站姿选项）**

把右腿放在左腿前面。右腿要伸直。把手放在略高于膝盖位置。左膝弯曲，像要坐下一样。交换双腿，重复上述动作。

远离受伤

**内收肌拉伸**

坐在地上,两只脚的脚底相向,贴在一起,抓住脚踝。用手臂轻轻将腿部压低,身体慢慢前倾。如果不能感觉到拉伸时,把脚跟往身体方向拉动。

**内收肌拉伸选项**

做蹲下的姿势,将右腿充分向一侧拉伸。

**臀肌拉伸**

坐在地上,腿伸开。右腿交叉放在左腿一侧(膝盖弯曲)。用左臂进一步推进右腿向左边拉伸。

**腰大肌拉伸**

保持弓步姿势，右腿在前。左膝盖下降。双手置于略高于膝盖处，身体稍稍向前倾。

**背部拉伸**

跪在地上，降低身体，直到脸部几乎触摸地面。手臂向前拉伸，绕背部一圈。

**头部／MACKENZIE式拉伸**

脸朝下躺在地上。用手臂慢慢使上半身抬起。

远离受伤

**梨状肌拉伸**

平躺在地面上。曲左膝，右腿与左腿交叉，脚踝要略高于左膝。用手臂抓住左膝，把它朝着身体方向拉动。交换双腿，重复上述动作。

**梨状肌拉伸另外一种**

坐在椅子上。抬起右腿，脚踝放在略高于左膝的位置。背部挺直，身体向前倾。

**躯干旋转**

平躺在地上，右膝弯曲，与左腿交叉放在左边。伸出右臂，并向右边拉伸。

**股外侧肌拉伸**

左手边侧卧，头枕在左臂上。用右手抓住右脚或右脚踝，拉向右臀。

## 强度练习

高强度的活动，如跑步，给肌肉骨骼系统施加了很多压力。如果我们的身体已经适应了这种压力则无需要担心。在跑步中，一些肌肉行为反常，如肌肉在需要伸展时突然收缩。比如下肢运动时，肌腱拉伸，但减速向前摆动时，肌腱同时收缩。相反的作用（偏心作用）给肌肉施加了很大压力，常常导致肌肉撕裂。肌肉需要十分强壮且状态良好，才足以承受偏心作用。

除了可以防止肌肉撕裂外，强壮的肌肉也是非常好的减震器。通过吸收冲击，肌肉可以减少附着在骨骼上的肌腱、骨骼和关节承受的震动和拉力，从而减少肌腱病、末端病、应力性骨折和关节损伤的风险。

除了防止受伤，强度训练也有利于提高能力优势：

- 在一些情况中，如完成冲刺、爬山和训练过度时，提高增加能量的能力
- 改善经济型跑步
- 延迟疲劳。强大的肌肉系统中，需要激活较少的运动单位（一个运动单位包括神经和肌肉纤维供应）即可产生一个给定力，从而延缓疲劳
- 在与地面接触时，最大程度利用伸展收缩循环（SSC）。伸展收缩循环是当脚着地或与地面接触时，产生更大的前进动力，从而产生最大反弹力（弹性回缩力）

下面的练习代表一个跑步者的基本强度训练合集。在你的休息日时，应该进行每周一次或两次训练。每次训练做3组，每组重复做12次（逐步朝着这个目标进行）。负载量（如果有的话）应该足够重，使你以良好的状态完成12次重复训练。技术很重要，不仅要获得预期效果，还要防止受伤——如果你缺乏经验，可以找一个合格的教练指导你如何进行正确练习。蹲举特别容易受伤——如果你刚刚开始

进行重量训练，可以用腿部弯曲运动代替蹲举。图表中并没有列举针对上肢的锻炼，但要进行上肢锻炼（如俯卧撑、引体向上、单臂划船）来平衡肌肉发展。加强下半身肌肉训练对跑步至关重要，同时身体的核心肌肉不应该被忽视。你可以参考163～172页的一些核心肌肉锻炼动作进行尝试。

**单腿站立举哑铃**

扶着一个支撑物使自己保持稳定，站在踩板或台阶上，左腿在身后弯曲成90°，用右脚脚尖支撑站立，右手握着哑铃。用右脚支撑，强迫自己向上伸展。

**弓步举哑铃**

每只手拿一个哑铃。弓步向前，保持背部挺直。

**蹲举\***

身体向前倾,在略低于膝盖水平的位置,举起杠铃。后背挺直,然后伸直膝盖和背部,直到你站起来。

**腿部弯曲运动\***

抓住一个支撑物,使自己保持稳定。脚上绑一个训练带,将其末端安全地系在支撑物底部。向后抬起你的腿成90°弯曲。

**髋关节弯曲运动**

站在支撑物前面,脚踝上绑一个训练带,将其末端安全地系在支撑物底部。把你的手放在髋关节处,膝盖抬高约90°弯曲。

\*做蹲举或腿部弯曲运动——如果你刚刚开始进行阻力训练,避免做蹲举。

远离受伤

## 顶尖级选手的更多建议

48岁的马拉西亚运动员Ng Seow Kong是马拉松和超长马拉松运动员,他参加了50次马拉松、超长距离马拉松比赛(截至2009年6月),包括冒险马拉松,如丹增一希拉里珠峰马拉松(世界上海拔最高的马拉松,海拔超过5300米),北极、南极洲、撒哈拉沙漠100公里(见图)和残酷冰雪100公里、战友马拉松(87公里和89公里),长城马拉松等等。他是亚洲第一个(世界排名28)完成了大满贯马拉松(七大洲马拉松比赛,亚洲、欧洲、大洋洲、非洲、北美洲、南美洲和南极洲,加上北极)的体格健全的运动员。他是如何忍受如此多"酷刑"的呢?下面是他的训练建议:

"对于一名长跑者的训练,有许多方面需要注意。对我来说,最重要的三个方面:首先是精神自律,适当地"推"和"拉";其次,交叉训练,包括强度训练等;第三,柔韧性训练。"

"对于每周相同的训练里程,应避免每次跑步时追求过快的速度。相反,要强迫自己慢下来,让身体康复,迎接随后几天的强度跑和速度跑。跑步不是跑步者唯一要进行的运动——必须留出时间进行其他运动,比如去健身房锻炼。还必须有足够的时间(尤其是老年跑步者)在每次跑步前后及休息日进行柔韧性训练。几乎每一个晚上我大约做一个小时的柔韧性训练。每周我也参加一次(或频率更高,如果我可以去参加)瑜伽课程,来确保我的肌肉能够尽量放松。"

"这三个方面随便单拎出来一个都可以提高你的速度,增加跑步里程,减少受伤。当三者结合起来,你会发现跑步会带来新的乐趣!"

## 跑步者的核心肌肉训练

### 核心肌肉训练的重要性

作为一名跑步者，你的常规训练项目中不能缺少核心训练。锻炼核心肌肉不仅能改善你的经济型跑步，它还使你能够承受高训练里程而免受伤害。训练你的核心肌肉的目的是改进你的跑步方式，使你能够通过核心肌肉而不是腿部或者手臂肌肉推动身体前进。这可能看起来像一个奇怪的想法，认为核心肌肉是跑步运动的中心，核心肌肉启动跑步运动，所以激励核心肌肉旋转臀部和抬高膝盖，而不是用脚接着膝盖和臀部启动运动。核心训练的方法很多，很多人不能正确地训练自己的核心肌肉。你需要做的第一件事就是要熟悉你的核心肌肉。

**我的核心肌肉在哪里？** 许多人可能认为核心肌肉训练包括做仰卧起坐和腹部收缩。这些核心锻炼训练一个特定的腹肌，腹直肌或"六块腹肌"。解剖学上这块肌肉将上胸腔附着在骨盆以下。脊柱处最远的腹直肌在防护脊柱稳定性方面能力最弱。

你不需要明显的六块腹肌就可以成为一名很好的跑步者——你需要的是强大的核心稳定剂。它们由深度腹部肌肉组成，从深到浅，分别是腹横肌（TA）、内斜肌（IO）和外斜肌（EO）。三部分肌肉中最重要的是腹横肌（见图9.16）。腹横肌环绕整个躯干，像自然的胸衣，起支撑作用，维护腰椎稳定。另外还协助腹横肌、内斜肌和外斜肌在躯干周围旋转。外斜肌一侧收缩，同时对面的内斜肌带动躯干旋转。

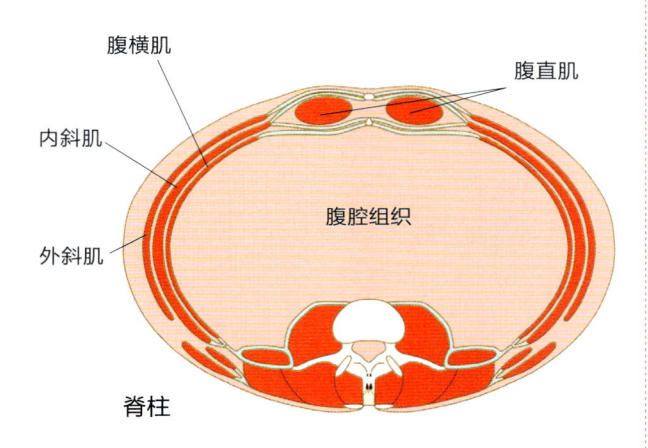

图 9.16 躯干的横截面，展示了核心肌肉

其他帮助形成核心肌肉的部分，包括：

- 隔膜形成了躯干的屋顶
- 盆底肌肉形成了躯干的地板
- 多裂肌，竖立在脊柱的两侧
- 腰大肌形成腹壁的一部分

**核心肌肉训练原则：**

- **确定中心**。首先要找到中心，因为这样做将确保所有训练最终围绕着跑步进行，力量主要来源于中心（核心），而不是四肢。

  做定心的练习中，首先要找到我们的中心或核心的腹横肌。你可以在开始练习时躺在一个运动垫上，脚平放在垫子上。把你的食指和中指放在你的腹部，骨盆前面的骨突出处向内向下约一英寸位置（见图9.17）。现在，想象一下，有一个紧绷的弦连接两种突起物，嵌入在你的腹部，轻轻地，想象着缩短绳子，把两个突出处连在一起。感觉你手指下面的腹部正在收紧。保持这种紧张感，同时伴有规律的呼吸。或者你可以激活你的腹横肌，想象着一根绳子拉你的肚脐朝脊柱方向前进。你也可以试着使用盆底肌肉通过肌肉收缩阻止尿液流动。

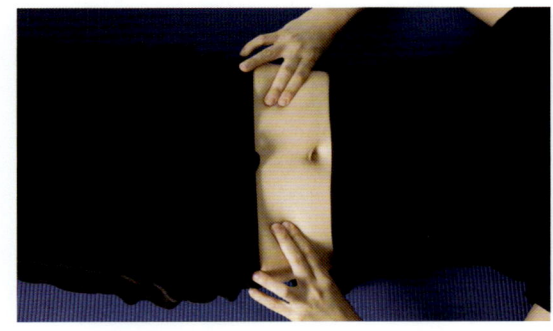

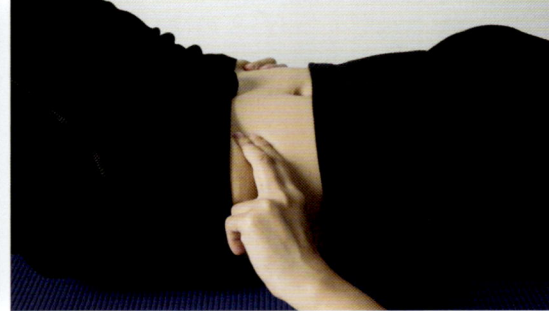

图 9.17 找到中心

侧面脊柱

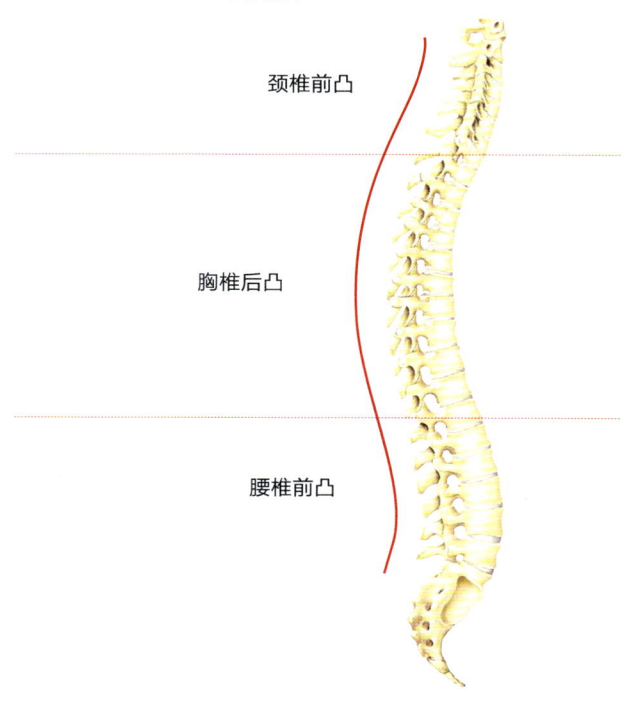

颈椎前凸

胸椎后凸

腰椎前凸

图9.18 中性脊柱，显示了胸椎后凸和腰椎前凸

- **最佳脊椎曲度**。许多核心练习需要你的脊椎与中立位置对齐，中心位置处任何特定的脊柱有最小的压力和紧绷感。在中心位置，保留脊柱的自然弯曲度，胸腔在骨盆带上方，这是最佳位置（见图9.18）。脊椎没有对齐是一种常见的问题，但发现问题就是改变的开始。

为了练习形成脊柱中立姿势，站立时背部要靠墙挺直，膝盖微微弯曲，把一只手放在你的胸骨处，另一个放在你的耻骨处。做出轻微调整，直到双手落在一条垂直线上。尽量使背部和墙之间的缝隙达到最小。

根据练习的难度，一些中级和高级的练习要求你失去中立的脊椎，背部挺直，这样背部和支撑面之间没有空间。这样做是为了保护你的背部。当进行这样的练习时，背部如果不能挺直，会增加腰椎的压力。

远离受伤

- **呼吸作用**。核心训练的第三个元素是呼吸作用或呼吸。隔膜形成了躯干的屋顶，在核心训练和呼吸中发挥着重要作用。低效呼吸模式导致颈部和腹部肌肉的过度使用，从而影响经济型跑步和跑步能力。

人们常常抱怨当进行定心锻炼时，会发生呼吸困难。这是由于你过度拉动、收紧腹部导致吸气时隔膜很难向下移动引发的。同时，你的辅助呼吸肌肉，如不得不激活颈部肌肉进一步提升胸腔（胸部呼吸），导致呼吸困难模式。

有效的呼吸模式采用激活核心肌肉，在呼吸（腹式呼吸）时，腹部略膨胀，因此只需要一个舒适的水平胸呼吸。这限定的腹式呼吸模式允许隔膜协助吸气，同时保持腹横肌的张力。应该在跑步中维持这种理想的呼吸模式。

- **放松**。最后一个原则是在训练过程中应该尽可能地放松，同时保持良好的姿态。隔膜呼吸时，腹横肌紧绷，可能感觉不自然，但可以通过练习实现它。最佳脊椎曲度有利于形成这种呼吸模式。

进行上述呼吸模式时，理想的感觉应该是下腹部区域处于沉重和紧绷状态，其他身体区域毫无影响。小腹下方微微平坦，后背没有张力，胳膊和腿部受到的张力达到最小或没有受到张力，这是理想的状态。

**核心训练**。首先练习上述所说的定心、脊柱中立和呼吸练习。接下来，就进入到核心训练（包括普拉提元素）的选择阶段，从初学者的水平开始训练。训练到中期阶段时，接着进行几个星期的提升练习。注意做练习1时，脊柱要直立，其他的练习，后背要平坦。技巧是关键，如果有困难，可以请一个合格的老师监督自己。

**核心训练练习 1：股骨弧系列**

### 初学者：股骨弧（用健身球作辅助）

- 脚后跟放在健身球上，大腿垂直。观察定心和呼吸。
- 准备吸气。呼气时一只腿伸直将健身球推出去。保持你的中心重量，背部不要离开地垫，想象着你的腿轻如羽毛似的放在泡沫上。
- 吸气时，让腿回到起始位置。换另外一条腿，重复上述动作。交换进行控制在1分钟内，最多用3分钟重复上述动作。
- 如果你觉得自己已经失去了中心或背部要离开地垫，双腿不要过低。

### 中级：股骨弧

- 平躺，双脚悬空，大腿垂直，膝盖呈90°弯曲。观察定心和呼吸。
- 保持脊椎中立。吸气准备。呼气时，一条腿落地，在垫子上轻拍脚趾。
- 吸气时，让腿回到起始位置。另一条腿重复上述动作。双腿轮流交换。想象有木偶绳将膝盖向上拉动，又慢慢降低下来。慢慢地进行上述动作，控制在1分钟。最多用3分钟重复上述动作。
- 如果你觉得自己已经失去了中心或背部要离开地垫，双腿不要过低。

远离受伤

**高级：头部和胸部抬起形成股骨弧**

- 与中级练习相同，但进行练习时，头部和胸部要抬起。

## 核心训练练习2：搭桥系列

**初学者：搭桥**

- 脸朝上，脚平放在地板上，保持脊柱中立，观察呼吸和定心。准备吸气。保持上半身和手臂放松，慢慢地把脊椎从尾椎骨处开始向上抬起。骨盆向后，用你的中心抬起尾椎骨，脊柱一点一点逐渐离开地垫。

- 一旦脊柱全部离开地垫，准备吸气。

- 呼气并开始将脊柱一点一点放下来，确保动作尽可能缓慢、放松，直到尾椎骨全部着地，恢复到中立位置。进行上述动作，用时1分钟。最多用3分钟重复上述动作。

**中级：搭桥与股骨弧**

- 脸朝上，脚平放在地板上，保持脊柱中立，观察呼吸和定心。吸气准备。保持上半身和手臂放松，慢慢地把脊椎，从尾椎骨处开始向上抬起。骨盆向后，用你的中心抬起尾椎骨，脊柱一点一点逐渐离开地垫（参见初学者搭桥的步骤1和2）。
- 一旦脊柱全部离开地垫，吸气时一只脚离开地面抬起，同时保持身体稳定。
- 呼气，腿放下来。另一条腿重复上述动作。双腿慢慢交换重复动作。
- 完成1分钟后，双脚着地。准备吸气到达顶部。
- 呼气并开始将脊柱一点一点放下来，确保动作尽可能缓慢、放松，直到尾椎骨全部着地，恢复到中立位置。
- 最多用3分钟重复上述动作。

**高级：搭桥与股骨弧、脚踩瑜伽平衡柱**

- 搭桥作为一种练习，可以通过把脚放在瑜伽泡沫轴上，进一步提升。瑜伽泡沫轴的不稳定性提高了难度，为了保持稳定，你需要更多地动用核心肌肉。记住，在瑜伽柱上做运动时如果发现自己屏住呼吸感到背部疼痛，或觉得你是用你的臀部和腿部肌肉而不是你的核心肌肉在运动时，你将很难完成这些动作。

远离受伤

### 核心训练练习3：长驱席卷／向下卷动系列

**初学者：向下卷动（用手臂做支持）**

- 坐直，手轻握住大腿侧面。准备吸气。
- 呼气，慢慢将脊柱向后推，把肚推脐到脊椎位置，尽可能同时保持双脚在垫子上。
- 在底部，保持脊柱弯曲成一个字母"C"。准备吸气。呼气时返回到直立位置。
- 进行上述动作，用时1分钟。最多用3分钟重复上述动作。

**中级：长驱席卷／向下卷动**

- 脸朝上平躺，腿部伸直，手臂伸展到头部上方。观察定心，准备吸气。
- 调动核心肌肉，慢慢让脊柱一点一点从上到下，离开地垫，直到你坐直。动作中进行呼气。
- 准备吸气。呼气并慢慢使脊柱降低，从下到上。
- 进行上述动作，用时1分钟。最多用3分钟重复上述动作。

### 高级：向下卷动（双手放在脑后）

- 和之前的练习相同，但双手要交叉放在脑后。

## 核心训练练习4：数百系列

### 初学者：膝盖呈90°弯曲

- 采用练习"股骨弧"的相同姿势。
- 呼气时，使用核心肌肉，抬高胸部和肩膀，使其离开地垫。
- 手掌朝着天花板，数5个数吸气同时强迫手掌向上维持5个数的时间。
- 手掌朝着地垫，数5个数吸气同时强迫手掌向下维持5个数的时间。
- 重复5个数吸气和5个数呼气。在数了100个数后，你做了10次呼吸。

**中级：膝盖伸直，臀部与地面呈45°角**

- 与以前的练习相同，但是腿部伸直，抬起。

**高级：双腿伸直，离开地面**

- 与上述动作相同，但是双腿尽可能地降低，背部不要离开地垫。

## 核心训练练习5：侧板式系列

### 初学者：侧板式，膝盖呈90°弯曲

- 侧躺双膝弯曲到90°。观察定心，准备吸气。
- 呼气时，躯干的一侧抬起离开地面，直到到达脊柱中立位置。
- 坚持10秒钟，同时保持正常呼吸。
- 呼气时返回到最初位置。
- 进行上述动作，用时1分钟。最多用3分钟重复上述动作。
- 换另一侧，重复上述动作。

### 中级：侧板式，上部膝盖伸直

- 上面的腿伸直，进一步提高难度。

**高级：侧板式，双腿伸直**

- 双腿伸直，进一步提高难度。
- 可以通过上面的腿外展并坚持10秒，来增加难度。

**核心训练练习6：垫子上臀部弯曲**

- 采用四足动物的姿势，手掌和膝盖着地。手臂和大腿垂直。
- 进行平板支撑动作，每次单个膝盖伸直，动作结束后，双膝伸直，用脚尖承担你的重量。平板支撑动作时，保持脊柱中立。
- 调动核心肌肉。吸气时，一个膝盖朝胸部拉伸，保持骨盆稳定。

- 呼气时，腿回到最初位置。换另一条腿，重复上述动作。
- 进行上述动作，用时1分钟。最多用3分钟重复上述动作。

### 核心训练练习7：躯干和骨盆旋转

**初学者：借助瑜伽球，躯干旋转**

- 脸朝上平躺。把腿放在瑜伽球上。
- 大腿保持垂直位，手臂稍微远离躯干放在地板上。
- 吸气时，慢慢地让瑜伽球滚到右边，控制它的运动。保持你的左肩牢牢紧贴垫子。
- 呼气时，让瑜伽球回到原来的位置。从一个点画起，把右骨盆前方到左胸前部连成一线。这样做，用的是左腹外斜肌和右腹内斜肌让瑜伽球回到原来位置。
- 左侧重复上述动作。
- 进行上述动作，用时1分钟。最多用3分钟重复上述动作。

远离受伤 171

**中级：没有瑜伽球，躯干旋转**

- 动作相同，没有瑜伽球的帮助。

**高级：躯干旋转，膝盖伸直**

- 让手臂接近躯干，进一步旋转，让腿部可以接近地垫。伸展膝盖同时保持臀部弯曲呈90°，使训练更具挑战性。

## 恢复

竞赛选手必须在训练和身体体能恢复之间保持良好的平衡。一方面,跑步者需要有高训练负荷来激发适应能力,使其在竞赛中有更好的表现;另一方面,跑步者需要尽快恢复来承受高训练负荷(见图9.19)。恢复得越快,就可以承受越高的训练负荷,同时免受运动损伤。如果恢复缓慢,则是由受伤和过度训练综合征导致的。

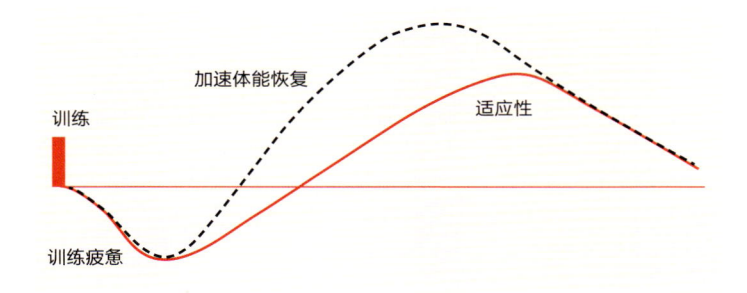

图9.19 运动后,能力在1~2天内由于疲劳(实线)迅速下降。然后会很快恢复体能,并超过了我们运动前的水平(超量恢复),适应了训练强度。然而,这种超量恢复阶段不会永远持续下去,我们的体能水平会在训练4天后,回落到基准水平。良好的恢复策略会加速身体恢复的速度(虚线)

恢复策略包括体育按摩、伸展运动、有益健康的营养物质、积极休息(例如做轻度交叉训练,比如在不跑步的日子进行游泳和骑自行车)和一个周期培训计划,包含锥形阶段和过渡阶段。除了运动按摩,其他章节中已涉及其他策略。

## 运动按摩

**运动按摩是什么**?很多人困惑运动按摩包括哪些内容,与其他形式的按摩有什么不同。运动按摩是一种基于解剖学形式的按摩,旨在提高身体恢复能力、防止受伤和管理受伤。除了运动按摩和瑞典式按摩,几乎所有其他形式的按摩都有一个潜在的神秘感,很难定义,如分块"能量"线、解开"缠绕"、恢复"平衡"、排毒、恢复"气"。另外,运动按摩基于人体解剖学和生理学原理。

**技术**。采用不同的运动按摩技术可达到不同的目标。例如，轻抚式按摩（轻微的、表皮的、大面积的抚摸）使肌肉变暖、放松；揉捏式按摩，深入皮肤，缓解肌肉紧张，促进循环；抚摸式按摩促进血液循环和淋巴排毒；深度摩擦消除肌肉痉挛和疤痕组织；轻叩式按摩法（轻拍）促使运动员精力充沛（通常在比赛前）。

**长期训练的不良影响**。经过长期训练，我们的肌肉容易僵硬，局部区域痉挛叫做触痛点或结，它们长期积聚在肌肉中，按摩时的触感像疼痛的肿块。打结区域很少收缩，因此不能执行其功能，跑步者只有小面积"可用"肌肉。由于未受到影响的肌肉必须支撑整个肌肉的工作，所以它们也会感到疲劳，发生痉挛。会导致跑步者由于肌肉僵硬、紧绷、容易疲劳而停止跑步。触痛点往往在可预测区域积累，比如臀中肌（髋关节外展）、股外侧和腿筋，由于这些肌肉在跑步中遭受高负荷。错误跑步姿势导致高负荷肌肉容易打结。举个例子，如梨状肌，受到重荷后发生痉挛，向前运动时，下肢偏离矢状平面（即他们的脚向外摆动）。另一个例子是中间拱形弧度塌下来后，过度拉伸深后室肌（胫骨后面的肌肉），导致扁平足跑步者的深后室肌紧绷、打结。

长期训练导致轻微肌肉撕裂，生成疤痕纤维组织。废物、乳酸等也可能在肌肉中积聚。过度训练、紧张或压力大的跑步者可能患有兴奋性神经系统综合征，导致全身肌肉紧张。

**运动按摩的好处与功效**。跑步者受益于运动按摩的表现如下：

- 改善肌肉中的血液循环和淋巴系统，促进修复和愈合
- 提高灵活性
- 缓解延迟性肌肉酸痛（DOMS）
- 加速训练阶段之间的身体恢复
- 分解粘连和纤维组织
- 放松肌肉，预防触痛点
- 康复，如放松外股四头肌，改善髌骨位置
- 放松神经系统

**运动按摩的频率**。跑步者需要多少次的运动按摩主要取决于自己的训练负荷和损伤状态。频率可以从跑步者比赛高峰时每周按摩2次，到赛季后的每月1次。对于大部分的训练周期，每周或每2周的运动按摩通常可以满足大多数跑步者。

如果没有时间，你可以使用机械化手持按摩器、泡沫辊、网球给自己按摩。

**时机**。推荐赛前的3~4天进行最后一次深入的运动按摩。按摩时间如果离比赛太近，如比赛前一天，由于过度的降低肌肉张力，会降低比赛成绩。找一个你熟悉的运动按摩师进行按摩，不要在重要比赛前尝试新按摩师按摩。比赛前（例如1~2个小时），有些人可能去做轻微振奋按摩，就像一个拳击手在他比赛前做的一样。

在比赛后2~3天进行赛后运动按摩是为了提高身体恢复能力，减少肌肉痉挛和乳酸堆积。

# 热损伤

在热带地区，跑步者常常不得不在炎热和潮湿的环境中进行马拉松比赛。当我们跑步时，我们消耗的大部分能量转化为热量而不是用于跑步。这样产生的热量是休息时的10~20倍，大大增加了体内温度（核心温度）。核心温度过度上升，会造成肌肉功能紊乱（导致能力降低），也会增加疲劳。核心温度过高还会导致细胞损伤及器官损伤。

热损伤包括热痉挛、热衰竭和中暑。对体内温度的承受能力因人而异，但热衰竭常在温度达到39℃~40℃时发生。当温度超过40℃，中暑的风险上升。

身体通过将血流转向皮肤排出多余的热量，皮肤通过以下几种方式将热量散发到周围的环境中：

- 辐射：热量转换为红外波排放到周围环境中。
- 传导：热量转移到周围的空气中。
- 对流：热量通过皮肤时，被带到循环的空气中。
- 蒸发：汗水从液态转换成蒸汽状态从而去除热量。

蒸发热损失占了身体中热量流失的80%，是十分重要的热散发方式。而潮湿的环境阻碍蒸发，使跑步者面临热损伤的危险加大。只出汗，没有蒸发（如出汗滴）只能导致液体消耗，并不能大量地散发热量。即使在一个凉爽的环境中也会有较高的相对湿度。例如，新加坡相对湿度最低时是在中午时间（大约60%），相对湿度最高是在约凌晨1点钟（大约90%）。凉爽的环境不应该导致对热应力影响产生一种虚假的安全感。在潮湿的环境中跑步时，吸汗材料制成的跑步服装不太可能有效地排出热量，因为热量的散发受到的是低汗水蒸发率的影响。

训练中身体不得不面临着皮肤散热供血需求和肌肉供血需求的冲突。一般人约有5升的血液。出汗时，血液量减少（体积收缩），因为水分在身体循环中流失，从而使上述问题更加严重。因此，要及时通过喝水补充因出汗失去的水分，从而尽可能多地保持血量。身体适应高温环境，运动时出汗更多，导致脱水、疲劳、跑步能力下降，在此情况下，保持血量尤为重要。当你水分流失量达到体重的2%时，跑步能力会下降。水分流失量达到3%～5%之间时，身体去除多余热量的能力下降。出汗还导致盐分流失，从而有发生热痉挛的危险。

**热痉挛**

劳累型热痉挛是指严重的、持续的、蔓延四肢和腹部的抽筋，大多伴随着长时间高温环境下运动出现。与运动相关的一种温和的肌肉痉挛仅仅是由于跑步者疲劳造成的，而劳累型热痉挛更与钠损耗相关。这是相当常见的现象，每1000名选手中约1～2人受其影响。在长时间的跑步或连续几天的跑步往往可能发生热痉挛，此时大量出汗造成水和盐分流失。

不适应高温的跑步者，体内盐分会流失严重，在比赛结束后他们比适应高温的跑步者盐分流失更多，更容易发生热痉挛。适应高温的跑步者往往出汗率更高，因此也面临着热痉挛的危险。

为了治疗热痉挛，要牢牢伸展抽筋的肌肉。喝足够的液体来补充跑步中失去的水分和盐分（1／8至1／4食盐或半升运动饮料中溶解的1至2片盐片）。另外，接下来的几天增加饮食中的盐摄入量补充长跑中盐流失。严重的热痉挛可能需要静脉注射来补充盐。

为了防止热痉挛，跑步前一天，食物中补充5～10克盐。跑步期间，及时补充流失的水分和盐分。补充液体时，喝运动饮料而不是白开水，或在补充液体中添加盐。跑步中吞盐片可能导致腹部不适，所以最好把盐加入到液体中。

## 热衰竭

热衰竭是指无法在热环境中继续跑步。跑步者往往身体疲惫，大量出汗，筋疲力尽"崩溃"倒地，但仍然清醒。他／她可出现恶心、呕吐、头晕、发冷、头痛和体弱症状。核心体温通常低于40℃，周围血管扩张。脱水造成血管扩张并且循环血量减少，引发血压下降，从而导致疲惫。现在人们认为血管舒张是大脑发出的信号，是自然安全机制来阻止跑步者继续跑步而避免中暑。热衰竭风险因素包括在炎热和潮湿的环境中运动、脱水、身体质量指数较高。

患有劳累型热衰竭的跑步者需要及时治疗。把跑步者移到阴凉环境中。让跑步者平躺，抬高他／她的脚部，促进血液流回心脏。若有条件可用冰袋放在跑步者的腋下、颈部和腹股沟区域降温。如果他／她能喝水，则鼓励运动员补充液体，寻求医疗照顾。跑步者需要被监控一段时间，以确保水分充足，血压提高。反之，如果他／她的病情出现恶化，静脉注射替代液体可能是必要的。即使通过治疗，跑步者从症状中恢复过来，他／她必须继续服用液体，直到水分补充充足（尿液变成了浅稻草色）。恢复训练前休息1天或2天，在一天中阴凉时间段开始轻松地训练。

## 中暑

中暑是最严重的热损伤。中暑的跑步者其核心体温升至40℃以上，对大脑功能和其他器官造成损伤。

在炎热潮湿的环境中进行高强度的锻炼持续一个小时以上（从而增加热量），多余热量很难消除，因而容易中暑。身体状况不佳、脱水严重的跑步者容易发生中暑，但是身体健康、水摄入量充足的跑步者并不意味着不会中暑。其他因素包括训练量突增、睡眠不足、营养和水分缺乏、流行病毒性疾病、呕吐和腹泻（导致脱水）、晒伤、不习惯在炎热和潮湿的环境中锻炼、药物影响、历史性热损伤和肥胖。

中暑的症状是非特异性的，它因人而异。包括一些改变大脑功能的因素（易怒、性格改变、头痛、迷茫、困惑和痉挛）及一些生理反应，如疲劳、失调、呕吐、腹泻、衰竭。

受中暑症状折磨的跑步者需要紧急医疗护理，因为早期诊断和及时治疗可以避免死亡和器官衰竭。跑步者应该严格听从医生关于恢复运动的建议。

## 热适应

身体温度调节的改善将使得在相同的环境条件下跑步时体温降低。在体温太高而不能承受之前，这种适应可延长跑步的持续时间。改善温度调节降低热损伤风险的过程称为热适应。热适应可以使跑步者在高温热（比赛条件）环境中进行10～14天跑步训练，从而适应更热的环境。热适应的生理适应性可以在3～4天后进行观察，14天后不再观察适应性。跑步的强度和持续时间以及热适应中的环境条件应尽可能地达到比赛条件。在最初的3～5天，跑步强度和持续时间应该适度（5～6成的跑步能力），在接下来的14天热适应过程中逐渐增加强度和时间（接近跑步能力）。在14天的热适应中，跑步者应该可以完成大约1～2个小时的连续日常跑。跑步者在海外炎热条件下比赛，应首先在本地进行一段时间的高温适应训练，并在比赛当地进行一个星期的热适应训练。

## 锻炼相关的低钠血症

低钠血症指血清中钠浓度较低。钠在体内的浓度应该保持在严格的范围内，因为它影响细胞功能以及细胞的含水量。重要的是，低钠血症可导致大脑肿胀。

在运动中大量出汗（即失去水和盐）的健康人在过度补充了流失的水分，但没有补充流失的盐分时，也会引起锻炼相关的低钠血症，它通常被误认为是热衰竭或中暑。低钠血症通常发生在超过3个小时的长距离跑步中。慢跑步者风险更高，因为他们有足够的时间来补充超过他们汗水流失量的水分。

低钠血症可能表现为恶心、呕吐、疲劳、头晕、头痛、肿胀、抽筋、呼吸急促和体力衰竭。这些迹象发生在跑步后的3～6小时，症状为非特异性，类似于中暑。由于低钠血症跑步者不脱水，体重没有减轻，核心温度是正常的，需测量血清钠浓度证实诊断结果。

所有疑似病例需要医疗看护。轻微病例的治疗需要通过口服盐分来补充钠，更严重的情况需要静脉注射来补充盐分。

# 猝死

## 运动中罕见的猝死

猝死是指非创伤性起因的意外死亡。在媒体报道中会看到健康跑步者在长跑比赛中死亡事件的，给人们留下了一种运动很容易猝死的印象。然而数据显示，猝死在新加坡体育赛事中相对少见，在世界其他地方也一样。新加坡卫生科学局法医学部报道在2005年和2006年的体育赛事中共有15人死亡；在同一时期，共有32608人死亡（所有原因）。15名与体育运动有关的死亡人数仅占死亡总数的0.046%，也就是说每2174人死亡中只有1人死于进行体育运动。2005年，与体育运动有关的死亡人数为9人；在每周至少锻炼1次的239000人中，每年只有1人死亡。相比之下，美国35岁以上的跑步者中，每15000～18000名"健康"的人中有1人猝死。

**猝死的原因**

在不同的年龄段有不同的猝死原因及患病率。在所有年龄段中，涉及心脏（心肌炎）的急性疾病和外部因素（如中暑和病毒感染）会造成以前没有心脏病史的个体猝死。服用兴奋剂与药品，如安非他命和促红细胞生成素也可能导致猝死。

年轻运动员猝死的发生率大约是每133000名男性中有1人死亡，每769000名女性中有1人死亡。一半的死亡是由于肥厚性心肌病（训练中心脏肌肉增大超过预期）引发的，其他死亡由于冠状动脉异常、心肌炎和其他不常见的原因导致。与年轻运动员相比，在年龄较大组（35岁以上），冠状动脉疾病导致急性心肌梗死（心脏病发作）是最常见的原因。

**锻炼会增加急性心血管事件发生的风险吗？**

急性心血管事件是指心脏突然发生不良状况，比如突然发生动脉堵塞、心律不齐或主要血管突然破裂远离心脏或心脏阀门。这些状况对于患有先天性心脏病的年轻人和患有隐性心脏病或冠心病的成人来说，在运动期间或运动后不久发生风险的概率增大。然而西雅图的一项研究表明，经常锻炼有助于降低健康人生病的风险。每周锻炼少于20分钟，锻炼时人的心脏骤停的相对风险是休息时的56倍，而每周锻炼超过140分钟，锻炼时人的心脏骤停的相对风险只有休息时的5倍。非常值得注意的是尽管运动时心脏骤停的相对风险比在休息期间更大，但心脏骤停在休息和运动时都会出现，发病概率会随着身体活动水平的增加而下降。在最不活跃的群体中，心脏总骤停率每100万人／小时中发生18次，相比之下，在最活跃的群体中，心脏总骤停率在每100万人／小时中只发生5次。

隐性因素是心血管疾病的主要危险因素，运动干预有效预防心血管危险因素，如高血压、糖尿病／胰岛素抵抗、高血脂症、肥胖以及冠状动脉疾病。

在运动性猝死中使受害者致命的因素有时候很明显（如冠状动脉完全阻塞），有时甚至验尸过程中也很难确定死亡原因（如由于心脏电传导的异常导致猝死，但验尸过程中，心脏显示正常）。如果运动中心脏没有潜在的异常运动，即便运动激烈，也不会损害心脏。通过赛前检查确认是否存在潜在的心脏疾病是防止猝死的重要关键之一。

## 赛前检查

一般健康检查的目的是检查一些常见病，如糖尿病、高血压、高胆固醇甚至早期癌症。然而，在体育运动中的赛前检查或清查目的是尽量降低在剧烈运动中受伤或伤害的风险。

赛前检查通常主要有三个部分：

- 心血管检查，识别潜在的可能会导致猝死的状况。
- 肌肉骨骼检查，确认需要治疗以防止恶化的受伤处或找出可能会导致运动员伤害的因素。
- 识别可能会限制能力的因素，如贫血、药物反应。

赛前检查的范围可以是一个简单的问卷调查（例如身体活动预备问卷，简称PAR-Q），也可以是在医生协助下进行的全方位检查，比如跑步机的压力测试和心脏成像。赛前检查的全面度应该取决于你的内在风险因素和比赛水平。例如，如果你25岁，身体健康不吸烟，有正常的身体质量指数，定期锻炼，并且没有慢性疾病家族史，身体活动预备问卷就足够了。但如果你超重，久坐不动，有心脏病或中风的家族史，那么建议你做一个全面的赛前检查。你可以和体育医师讨论，看看哪些检查适合自己。

# 10. 跑步装备
>>William Chin, Malia Ho, Adam Jorgensen 和 Lim baoying 编写

与其他运动相比，跑步更为"纯粹"，因为它只需要少量的装备。但尽管如此，包括袜子在内，有无数款产品可以供我们选择。

一个简单的决定就可以缓解跑步时大腿内侧的疼痛——选择一条适合自己的短裤。下面有一些帮助你选择跑步装备时的简单技巧。

## 跑鞋

历史上古希腊人参加第一届奥运会比赛时是赤脚跑的。不幸的是，随着现代人行道的出现和我们向环境中乱丢危险废弃物的陋习，对所有人而言，鞋已经成为一个必需品。

跑鞋为我们提供了四个主要功能：①最明显的是保护我们的脚免受伤害以及保护双脚不受跑步地表的影响；②缓冲已成为最需要的功能之一。因为大多数跑步者在坚硬、无情的混凝土或沥青地面上跑步，鞋内的缓冲功能对保护整个身体免受重复冲击至关重要；③随着跑步者越来越意识到受伤与脚部过度运动密切相关，稳定性越来越被看中；④鞋在地面上形成了抓地力，提高了安全性。

在现代鞋子的设计中，上述四个功能应该加以利用，才能使人保持良好的跑步能力并防止受伤。

## 万能的足部

为了能够找到合适的鞋子，我们首先要了解足部和足部生物力学。足部是由许多韧带和肌腱将26个骨头连接在一起组成的。足部有着移动适配器的神奇能力，脚跟落地后可以转动到一个精确的角度有效地推动脚跟抬起／脚趾离地。下图展示了脚趾着地到中期站立，最后脚趾离地的过程中足部所发生的情况：

1. 在脚跟着地阶段，足部通常以脚跟外侧（足外翻）与地面接触。当身体重量转移到足部时则向内卷起（足内翻）（见图10.1）。足内翻打开了足部的主要关节，使得我们在跑步时足部足够灵活以适应不平坦的地形。这一运动也有助于吸收着地时足部产生的冲击。
2. 中期站立阶段，足部直接处于身体下方，承受着全部的身体重量。足部在这个阶段最大限度地内翻，脚后跟几乎垂直于地面（见图10.2）。鞋跟可能超过垂直位置轻微地内翻。任何超出轻微内转的现象被认为是足部过度内翻。
3. 从中期站立阶段到脚趾离地阶段，足部开始重新外翻（见图10.3）。足外翻锁住了足部关节，使其形成一个精准的角度推动足部向前。

足内翻和足外翻是足部运动中必不可少的组成部分，没有它们，我们就无法有效、经济地跑步。但过度的足内翻和足外翻通常会产生问题。

## 脚型

了解脚型可以更好地知道足部是如何工作和运动的，还能为可能受到的伤害类型提供有效的信息，这样就可以采取积极措施来预防伤害。这些步骤包括做热身运动、拉伸运动和强化运动时专注于特定的肌群以及选择合适的跑步鞋。

**扁平足或平底足**。这种情况下的足部弧度可能不够或没有。韧带松弛无法举起足中部的关节，或当足部过度内翻时，弧度可能消失。原因有两种，第一种原因较罕见，通常个人有严重的韧带松弛（韧带松弛可能导致关节不稳定）才会出现这种情况。第二个原因较为普遍，当足部过度内翻时，脚跟外翻（向内旋转），弧度变平，前脚外展／展开（向外旋转）。由于足部过度内翻导致平底足的临床特征包括脚跟外翻、足中部内侧隆起（见图10.4）、脚趾蜷缩／收缩、足部弧度消失。

图10.1（上）着地时足部外翻
图10.2（中）在中期站立阶段，足部最大限度地内翻
图10.3（下）脚跟抬高时足部外翻

扁平足的跑步者特别容易受到伤害，包括足底筋膜炎、跟腱末端病、肌腱病、中部内侧胫骨应力综合征、髌股疼痛等。

**高弓足或高拱脚**。拱脚比平时更加突出，由于某些神经系统疾病导致肌肉失衡和痉挛，使足部拱起或引起更常见的足部过度外翻。高拱脚的临床特征包括脚跟反转、弧度拱起、前脚掌内收（见图10.5）。

当足部过度外翻或不能内翻时，它是僵硬的，因此不能适应不平坦的地表，吸收冲击力的性能下降。这会造成应力性骨折、复发性反转踝关节扭伤、摩擦髂胫束综合征等伤害。

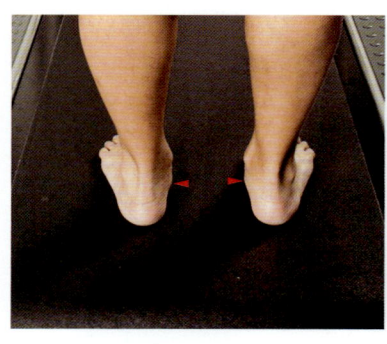

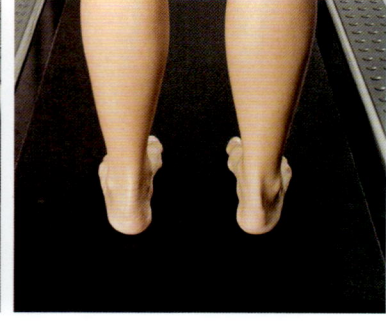

图10.4（左）脚跟外翻和足中部内侧隆起

图10.5（右）高拱脚跟内翻

通过看你的足迹可以粗略地估计你的脚型。简单的做法是把脚弄湿，踩在地面或一张纸上。如果大多数弧度面积与地面接触，那么你也许是扁平足。相反，如果弧度几乎看不见，那么你可能是高拱脚。如果介于两者之间，那么你拥有正常的足部弧度（见图10.6）。

图 10.6 脚印表明（由左向右）扁平足、高拱脚和正常的脚型

踩脚印并不是最准确的测量方法，因为脚印无法显示出弧度的实际高度。这就像试图通过测量建筑物的占地面积来确定它的高度！我们已经设计了许多工具和指标试图准确地确定脚型之间的界限在哪里，但没有一个是非常成功的。此外，站立时足部通常看起来是正常的，由于跑步时增加负荷才导致足部过度内翻。同理，足部受压图并不能准确地解读足部功能。因此，为了得到更多的功能评估，最好是让运动足病医生或体育医生观察你在跑步机上跑步（如视频步态分析）进行评估。

## 跑步时优化足部功能

可以通过选择合适的鞋型和／或装入矫形器（鞋垫）改善扁平足和高拱足。若情况不严重，选择合适的鞋就足够了。

下面的图片显示了同一跑步者穿着两款鞋子对脚型的影响。他穿第一双鞋时，足部过度内翻（图10.7a），但第二双鞋没有出现这种情况（图10.7b），说明第二双提供了更多的支撑和稳定性。因此，确定脚型最好且最精确的方法是咨询体育医生或体育足病医生，他们会观察你站立、走路和跑步时足部的情况。

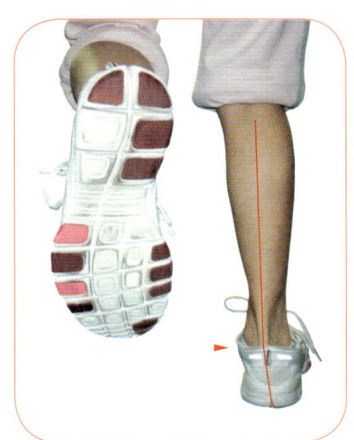

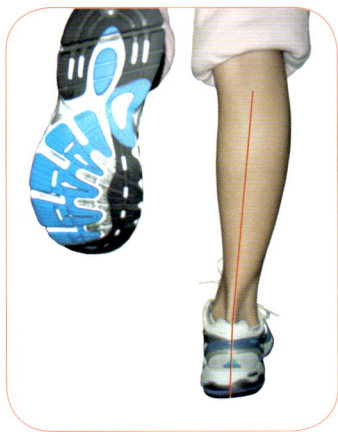

图10.7a（左）和b（右） 这两张照片显示同一个运动员穿着两款鞋子。左图，左脚过度内翻。右图，穿着合适的鞋，足部正常，不再过度内翻

跑步装备　185

如果鞋型未能矫正异常的生物力学，那么足病医生可以使用足部功能矫形器解决这个问题。足部矫形器设备置于鞋内来支持和矫正足部功能。过度内翻矫形器包括的特征如内侧脚跟和脚掌楔子加上拱支持（见图10.8b）。如果跑步者过度外翻，足部矫形器需要具备鞋跟护垫和填充特征来为僵硬的足部提供足够的缓冲。非定制的矫形器可以适用于轻微状况，但中度到重度状况建议使用定制的矫形器。在下一节中会对此详细讨论。

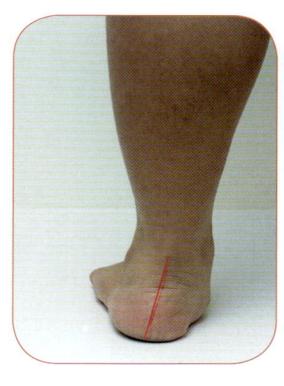

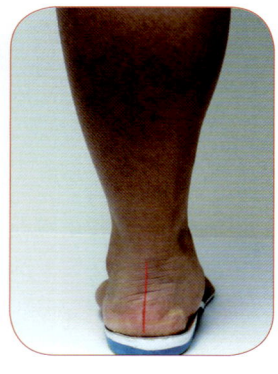

图10.8a（左）和b（右） 足部过度内翻没有佩带矫形器（10.8a）和佩带矫形器后（10.8b）

## 鞋子剖析

鞋楦是由木头、铝或塑料制成的3D模型，通过对制鞋材料缝制、融化模压和粘着制成最终鞋的样式。人们已经认为鞋楦在某种程度上可以有助于鞋的稳定性——一只不稳定的、过度内翻的脚要求鞋子有垂直的鞋楦，而足外翻要求鞋子有弯曲的鞋楦。但是，鞋楦的作用与对脚的塑形更为密切，而不是增加稳定性。

鞋子由几部分组成（见图10.9），其中鞋的"心脏"是鞋底夹层，这是鞋进行缓冲和稳定的集结处，因此大多数研究都集中于此。现代跑鞋的鞋底夹层是由乙基醋酸乙烯酯（EVA）或类似乙基醋酸乙烯酯的变性材料制作的，有良好的缓冲性和耐久性。

图10.9 跑鞋的组成部分。每双鞋都有一个鞋面（包括鞋帮、鞋面和内包头）和一个鞋底（包括鞋垫、鞋底夹层和外底）

## 鞋子类型

跑鞋可以简单分为训练跑鞋和专业跑鞋。对于大多数人来说，训练鞋是为了有兴趣或旨在获得健康的跑步人群准备的。训练鞋包括以下几种：徒步、运动控制、保持稳定或缓冲。

徒步鞋主要用于越野跑步，其最明显的特征是外形粗犷，外底有明显的凸耳，在泥泞或岩石地形拥有最好的抓地力。这些鞋往往有更坚固的鞋面（帆布），协助我们在不可预知的崎岖地形中使脚步更加稳定。有的鞋面也具有防水性，加上坚固的外底，鞋的重量往往比常规的训练鞋更重。大多数品牌的鞋子与其他品牌相比，在功能类型上并没有太多的不同。

| 鞋子类型 | 运动控制 | 保持稳定性 | 缓冲性 |
| --- | --- | --- | --- |
| 脚型： | 过度内翻 | 正中足 | 外翻 |
| 特征： | · 良好的纵向稳定性<br>· 双密度鞋底夹层<br>· 鞋底夹层内部塑料填充<br>· 通常鞋楦笔直 | · 相当不错的纵向稳定性<br>· 双密度鞋底夹层<br>· 鞋底夹层体积和密度增加使鞋子更重<br>· 鞋楦半弯曲 | · 厚鞋底夹层由低密度的乙基醋酸乙烯酯或类似变性材料制成<br>· 添加特殊减震材料（如安全气囊、硅能量胶和蜂窝矩阵）增加耐用性，减轻鞋子重量<br>· 弯曲鞋楦通常遵循自然高拱脚的脚弯曲 |

跑步装备

运动控制、稳定性和缓冲性代表着适合从过度内翻到外翻（旋后肌）的不同脚型的功能范围。设计师根据扁平足、正中足或高拱足等脚型做出不同的设计。

性能鞋包括竞赛鞋、钉子鞋、铁人三项鞋。竞赛鞋主要是用于具有顶尖级竞争力水平的跑步赛事。这些超轻质鞋最大程度地减少跑步中下肢的重量，降低能量的消耗。消除厚重的鞋底夹层的减震和稳定系统，减轻大部分重量。鞋面和鞋带使用更薄、更轻的面料也可以减轻一部分重量。但鞋子缺乏缓冲性、稳定性和耐用性，对运动员是不利的。因此，如果你体重超标、初次接触跑步或者在跑步中受过伤，最好避免使用此类鞋。

竞赛钉子鞋通常只用于径赛项目，偶尔用于越野竞赛。通常只有前脚有钉板，因为速度比赛中大多数负载由前脚承担。

随着特殊赛事的出现，迎来了专业鞋子的使用新潮。铁人三项运动很特殊，因为它要求跑步者通常在湿脚、没有穿袜子的情况下，迅速穿上鞋子。这些鞋的特性是有排水点和快速系带系统。因为跑步者没有穿袜子，鞋面通常是无痕的以避免起泡。

## 选择一双跑鞋

每个人对鞋子有不同的嗜好和适应性。有许多品牌和型号可供我们选择，但并不是越昂贵的鞋越适合自己。可以通过以下四个简单的步骤来决定这双鞋是否适合自己：

1. 用拇指和手指挤压鞋跟，查看是否稳固，确保两侧结实牢固（见图10.10）。如果你足部过度内翻，此点与你关系密切，因为你需要一个稳固的鞋跟支撑后脚跟。
2. 沿鞋的长轴旋转确保柄足够结实（见图10.11）。柄扭曲容易使足中部产生无关的运动。鞋中部结实牢固对扁平足跑步者很有帮助，可降低得足底筋膜炎的风险。
3. 双手把鞋尖的两端折叠在一起（见图10.12）。这可以评估脚趾的位置和灵活性。脚趾应该对应穿鞋时脚尖的位置。对于那些大脚趾关节疼痛（大脚趾僵硬）或足底筋膜炎患者，鞋的脚趾位置应该坚挺。
4. 鞋子的长度应该是脚趾距鞋尖有一拇指的宽度。确保鞋子大小和宽度适中，感觉舒适。不同制造商的鞋码略有差异。同样地，同一品牌不同类型的鞋码也可能有大小区别。鞋太短可能会在跑步时导致脚趾与鞋尖碰撞形成黑指甲。除了长度外，要确保前脚宽度适合。用手指穿过鞋尖捏着鞋面的材料来检查宽度——你应该只能捏住鞋面的一小部分。鞋子太窄则可能会挤压前脚产生水泡或挤压到前脚神经；鞋子太宽，前脚位置肥大不稳定。鞋子太窄用字母"A"表示，"AA"比"A"更窄。用"W""WW"等表示鞋的宽度。

鞋跟

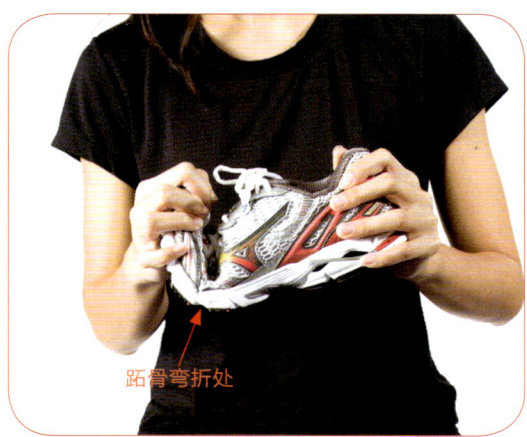

鞋骨

跖骨弯折处

从左上角起顺时针方向：图 10.10, 10.11, 10.12, 10.13，选择跑鞋的注意事项

跑步装备 | 189

有各种系带技术能更好地确保后脚更加舒适，缓解脚面压力并缓解前脚畸形如拇囊炎等。

最后，合适的鞋子最重要的是舒适。实践出真知，试鞋时一定要穿着四处走动一下，脚和鞋子的适合度会在慢慢累加的里程中逐渐建立。

## 跑鞋可以穿多久？

传统的跑步鞋通常可使用约800公里。这个数字是如何计算出来的？通过统计75公斤男性参加周期训练的数值（含有或不含有乙基醋酸乙烯酯成分），并在鞋底夹层消耗至50%前，推断出鞋子寿命约为800公里。

加速鞋子破损的因素包括暴露于潮湿、高温和湿热环境中，另外负载量和穿着频率也是影响因素。即使鞋子放在架子上，乙基醋酸乙烯酯会随着时间的推移变质，失去弹性和缓冲作用。因此当穿着某双鞋子已经走了约800公里或大约穿了6～12个月时，就要换了。不要等到外底已经破损，一些外底材料已经从鞋底夹层中露出来再换。

## 矫形器

### 矫形器是什么？

解决生物力学异常或功能障碍的常见方法是使用足部矫形器（也称为拱支撑、鞋垫、脚矫正器），这些设备放在鞋里或直接放在脚上，可以改善足部和下肢的功能。

### 足部矫形器是如何起作用的？

足部矫形器通过向脚的各个区域施力来改变足部发生的运动形态以改变足部功能。矫形器通常用于改变足部过度的运动而发生的异常，这些运动可能导致脚、腿、臀部和背部组织异常应力。

## 如何打理自己的鞋子？

如前所述跑鞋的敌人是潮湿、高温和湿热环境，另外汗水盐渍、负载量和穿着频率也对鞋子寿命有影响。跑步后把鞋彻底烘干，尽量减少上述情况出现的概率。用报纸填充吸干水分。最好仅用空气烘干。不要把鞋放置在高温、阳光下、烤箱或烘干机中。

有两双或两双以上鞋子换着穿，让它有一个48小时的恢复期——这样做可能会延长鞋子的寿命，使其超过800公里。

## 矫形器的类型

三个最常见的类型是：

- **预制**。包括拱支撑楔子、护具、足垫等，通常药房、鞋店、体育商店和超市均有出售。它们价格便宜，容易与鞋子契合，通常是家庭养护处理的首要选择。

- **定制**。此种设备基本上是预制的鞋垫，之后根据跑步者的脚型和需求进行某种程度上的改良。包括对后跟垫、缓冲性、楔入、拱填充和软覆盖面的改良。这些改良版比普通预制版技术含量更高，通常适合于需要更有效的支撑功能而预制版无法提供的跑步者。

- **量身定制**。这些设备的技术含量最高，需要大量的努力、培训、耐心和资金支持。这种设备通常适用于脚或生物力学异于常人且定制设备不能产生足够效果的人。（见图10.14）。它们通常经过生物力学仔细评估后的足部模具制成。模具被用作足部矫形器原材料的制作模板。整个过程可能需要两天甚至一个星期。一般我们要花费大约一个星期来习惯使用新的矫形器，所以最好在赛前至少三个月与足病医生商讨做好训练规划。要注意，量身定制的设备是根据实际脚型定做的，它们的生物力学效果更具攻击性，有可能导致问题而不是解决问题。

图 10.14　量身订做的足部功能矫形器

跑步装备

## 我需要足部矫形器吗？

并非所有的扁平足跑步者都需要足部矫形器。事实上，大多数的非洲运动员都是扁平足，许多其他选手也是这样。

对于大多数患者来说，只有在两种情况下推荐使用足部矫形器。首先，运动员正在遭受痛苦。假设异常生物力学在症状或延迟治愈方面起着重要作用，此时足部矫形器可以用于治疗及后续预防疼痛。如果症状是由于过度训练产生的，那么只是简单地纠正生物力学而没有管理过度训练，则足部矫形器的疗效甚微。其次，足部矫形器可以治疗严重的足部畸形。但重大畸形存在时，生物力学异常可能会使畸形加剧，导致异常和变形力增加，从而可能引起疼痛和持久的组织损伤。

## 我应该使用哪种类型的矫形器呢？

作为通用指南，生物力学异常和畸形越严重，足部矫形器所需要的技术越多。或先选择简单、便宜的款式，然后根据自身定制。

## 服装

跑步服装的面料、设计不同，成本也不同。当前跑步服装着眼于"高科技"材料的使用，每种材料都有其传说中的优势。它们的共同点是通过拉拽或吸水使湿气与身体分离、速干，它们重量轻，可拉伸。相比之下，典型的纯棉T恤抑制汗液蒸发，这不仅增加跑步者的重量，同时妨碍了热量散发。

## 跑步上装

女性，请注意你们中80%的人穿错了运动文胸的罩杯。试下三个罩杯——通常穿的罩杯、较小的罩杯和较大的罩杯，不同牌子的文胸尺寸不同。肩带不应该滑落、紧勒肌肤或松动。基带应该感到舒适和平坦。两个手指可以在每个肩带处滑动，一个手指能在基带两边向前向后移动。如果文胸的材料起皱或聚拢，那么这个文胸太大了。如果你的皮肤在跑步中隆起或者卡住边缘，那么这个文胸太小了。

寻找轧边和偏离中心的针脚面料使摩擦最小化。为了减少胸部晃动，寻找合适的文胸把乳房分装在有区别的罩杯内。

穿上文胸，双手举过头顶击掌。如果文胸带从躯干处滑上去，说明太紧了。尝试跑10～15秒、蹦跳几次，此时应该感到有支撑感，文胸不会扭曲或向上移动。

在冷水中加入粉状洗涤剂清洗文胸，因为液体会堵塞织物孔隙，抑制吸水性。用烘干机烘干或自然风干，延长文胸保持弹性的时间。大概洗过72次以后，文胸开始失去弹性，或者当你的体重有变化，都应该更换文胸。

对于男人来说就简单多了。穿一件舒适的上衣，尤其是胸部和袖口要舒服。材料应该轻薄、吸汗性能好。在炎热的气候中跑步时，穿得越少越好。

## 压缩衣

压缩衣越来越受欢迎，对于跑步者来说好处有：

- 极限运动后血乳酸浓度较低
- 实现皮肤和肌肉最佳温度——人们认为具有压缩性能的服装可以减少热身时间，提高肌肉温度使其达到最佳温度38.5℃，并维持皮肤和肌肉的温度，从而提高肌肉的性能。此外，人们认为提高肌腱温度可以减少出现损伤。目前尚未确定这些说法是否在温暖的气候中仍然有效
- 已经证明压缩衣可以提高运动性能（特别是重复的弹跳力），包括减少肌肉振荡，提高本体感受（方位意识）并增加抗疲劳能力。此外，经证明压缩服装并不妨碍肌肉性能，可以添加抵制肌肉收缩的功能
- 人们认为压缩衣的弹性可以产生肢体运动后的反弹力
- 吸收水分使其与皮肤分离
- 防紫外线

## 不同气候的马拉松比赛要穿什么服装？

对大多数人来说，在大约15℃～20℃中跑马拉松最舒适——你所需穿的仅仅是一件轻薄汗衫和短裤。但每个人的耐寒性不同，如果不确定就多穿几件衣服，这样你可以在比赛开始前或后脱掉外套。

有些马拉松比赛在较低的温度下进行，即使你已经查过比赛时的天气会是十几度，但仍要做好下雨和降温的准备，因为天气并不总是可预测的。大多数比赛主办方的官网上将提供预计的温度范围、历史比赛温度，或赛前天气更新。比赛出发前一定要在比赛官网上查看最新的天气更新，因为主办方可能提供最新的风暴警报。

在热带气候条件下出生、成长和训练的跑步者，不需要担忧在温带气候下跑步；来自寒冷气候的跑步者在温暖地区比赛，不得不进行热度适应；而来自炎热气候中的跑步者不需要适应寒冷，只要知道在这次旅行和竞赛中如何着装即可。当在寒冷的天气中比赛时，要铭记：

- 多穿几件衣服，因为外套可以很容易穿上／脱掉
- 保持干燥——当衣服湿透时，你会感到很冷

这是在比赛开始前针对穿衣法则的一个指导图表：

| 温度变化（℃） | 穿衣数量 |  |  |  |  |  |  |
|---|---|---|---|---|---|---|---|
|  | 里层 | 外层 | 外套 | 紧身衣 | 手套 | 帽子 | 袜子 |
| 10～15 | 1 | 0 | 0 | 1 | 1 | 0 | 1 |
| 5～10 | 1 | 1 | 0 | 1 | 1 | 0 | 1 |
| 1～5 | 1 | 1 | 0 | 1～2 | 1 | 1 | 1 |
| -10～0 | 1 | 1 | 1 | 2 | 1 | 1 | 1 |
| -20～-10 | 1 | 1 | 1 | 裤子 | 1 | 1 | 1 |

关于比赛开始时如何穿衣的指导：

- **内层**。最接近皮肤的一层应该是紧身的、轻量级面料，可以吸收皮肤表面的汗水。上衣应该是长袖紧身衣（防止擦伤）。或者你可以穿袖子可拆卸的衣服。
- **外层**。下一层应该是宽松的、中等重量的织物，吸水效果要好。脖子上的拉链可以方便地调节温度。如果你想在比赛中直接脱掉，那么旧T恤是一个廉价的好选择。
- **外套**。透气防水或防水外套在最冷的条件下十分有用，它可以抵挡风吹、雨淋和寒冷。Gore-tex被认为是最好的面料，但也有更便宜的替代品。

- **紧身衣**。穿在内层或外层。根据不同的温度，可以穿不同厚度的紧身衣。
- **手套**。任何棉手套都可。手套可以抵挡寒风，提供更多的保护。如果你来自温暖的气候，你的手指几乎不能忍受寒冷，所以一副好手套大有用处。
- **帽子或头盔**。大量的热量通过头皮散发，所以无檐小便帽或帽子对大多数人来说是必备的。棉帽子吸汗后太沉。戴面罩比戴帽子更有用，如果需要，可以盖住脖子和面部。
- **袜子**。吸汗的袜子与传统的袜子相比不那么沉重，还可以让脚保持更干燥。

如果你从一个温暖地带来到寒冷地带比赛，你需要到比赛地以便有足够的时间在赛前至少来一次模拟跑，去了解比赛开始前到底需要穿多少层衣服。通常，比赛开始前会有相当长一段时间需要等待，所以保持温暖和舒适很重要。一些跑步者等待时甚至会带着一次性毛毯把自己包裹起来。在比赛中，你的肌肉产生热量，你可能会需要脱掉外层的装备，例如简单的棉手套、塑料雨披。

## 电子产品

顶级选手在比赛中不会携带足部检测装置或心率监视器，因为他们经验丰富，对速度和心率有良好的掌控。在训练期间，他们的教练用秒表记录跑步时间来做到时间精确记录。缺乏经验的跑步者和无教练的跑步者可以借助电子设备，市场上有很多有趣的电子产品可以帮助你更好地训练和比赛。

## 手表

手表是必备品。寻找一个具有以下特点的电子表：轻便、耐用、防水、显示屏易识别、拥有背光照明功能（有些比赛在日出前开始）、按钮易被激活且不会意外失灵、有秒表功能可分离时间记忆，以及可设定固定间隔的倒计时定时器。最后一个特性是可用于比赛中控制速度和间歇跑训练。

跑步装备

## 心率监视器

我们跑步时以不同的速度或强度来完成不同的目标，如间歇跑、节奏跑、长跑。最方便监控运动强度的方式是携带心率监测器。这包括一个胸带手持设备，检测通过你心脏的电流；一个嵌入到手表的接收器，这样就可以检测出你的心率。

好的心率监测器可以准确地测量你的心率（尽管跑步剧烈也不会丢失信号），同时不会受到其他跑步者的心率监测器干扰（这一点尤其重要，因为在比赛中与你相邻的跑步者也会携带心率检测器）。设定心率限制和卡路里计数器的功能大有用处。前者让你设置心率的上、下限值，通过手表的"哔哔"声就可以知道你此时的配速是过快还是过慢。卡路里计数器是想要管理自己体重的人的必备品，因为它能够很好地反映运动中能量的消耗，这样你就可以制定相应的饮食计划来实现每日卡路里赤字（见第7章）。

更复杂的产品还有其他功能，包括心率数据可以通过无线网络下载，软件可记录训练相关信息、测量疲劳程度、估计健身水平等。带有加速度传感器或全球定位系统的设备可以提供一个完整的训练方案。

## 加速度传感器

加速度传感器，顾名思义，可以测量加速度，也可以测量配速、距离和节奏。它是一种传呼机大小的设备，与鞋子前端连接在一起。当你跑步时，它会测量每一步的速度并将数据传输到手表中。跑步者的步态和节奏随配速而变化，加速度传感器会校准各种速度。帮助跑步者通过以平稳的速度完成一个固定的距离。如果训练或比赛速度并不是相对稳定的（如越野跑），那么数据可靠性会降低。

为了检测运动情况，加速度传感器中有一些非固定的零件，因而耐用性是一个问题。你需要一个轻巧、结实的设备。

## 全球定位系统

全球定位系统（GPS）的大小已经缩减到看起来像一个大表盘的手表！它可以测量距离并提供实时的配速。它甚至可以提供跑步时上坡和下坡的有关信息。并且大多数型号内的数据都能下载到电脑，方便制成训练里程和跑步能力的图表。

树和建筑物会阻隔GPS信号。因此，如果在茂密的森林或到处都是摩天大楼的城市中跑步，GPS的数据可能不会很精确。

## 其他运动传感器

除了加速度传感器外，耐克有一个更简单的运动传感器名为耐克Plus，但它只能检测运动带来的一些数据，无法测量加速度。传感器比加速度传感器更小、更轻，插入到具有耐克Plus功能鞋的鞋垫下使用（鞋底夹层有凹陷处放置传感器）。当检测到运动时，传感器会发送一个信号到接收机，接收机可以是手表或者苹果iPod Nano。它通过记录你走路的步数从而粗略地估计距离（不考虑步幅）。

耐克Plus可以记录你行走的距离、速度和消耗的热量。在线社区功能允许用户与其他nikeplus.com的用户一起设置挑战并进行虚拟跟踪，甚至可以通过图表记录世界各地所有耐克用户的进步。

## 呼吸训练器

正确的高原训练可以提高耐力性。低氧环境刺激体内红细胞的生成，从而提高氧气摄取能力，提高在较低的海拔高度跑步的能力。

对许多人来说，在高海拔地区训练两个或两个以上星期是不切实际的，所以"氮气房屋"应运而生来替代高海拔训练。将氮气注入这些房间中来稀释含氧量，从而模拟高海拔的低氧环境，还可以通过调整氮气注入的量来模拟不同的海拔高度。然而，这样的设施也非常昂贵，氮气帐篷或低氧仪是切实可行的替代品。

## 低氧仪

低氧仪是便携式的,可以间歇地给运动员提供空气,减少氧供应,从而降低血液中的氧含量,刺激红细胞增加补偿。在使用低氧仪时要同时使用脉搏—血氧定量计监控血液中的氧气水平以确保使用低氧仪器时氧气含量不会下降到危险程度。运动员每天可以使用这个装置大约半个小时(规定不同,使用时长不同)。

## 吸气肌肉训练器

在冲向终点线或间歇跑训练期间,常会觉得喘不开气。在高强度锻炼中,换气过度会激活辅助呼吸的肌肉(如颈部肌肉),同时激活横隔膜和肋间的肌肉,从而吸入更多的空气。所以通过训练这些肌肉在中等强度锻炼中也可以更有效地呼吸。

像其他肌肉一样,我们也可以通过对抗阻力训练来强壮这些肌肉。利用简单的手持设备提供阻力,限制我们吸入空气,例如POWERbreathe训练器。它带有训练指导,产品说明称每天使用且坚持3周后效果显著。

# 11. 充满惊喜的海外马拉松假期

>>Ben Swee 编写

马拉松比赛不仅仅是挑战自我，也是在感受这个世界！我已经厌倦了以一个典型游客的身份坐在观光巴士上感受城市。现在，我尽量在我所到过的每一个城市中奔跑，把我的假期和马拉松相结合，创造一个特殊的旅行。我在清晨时分跑到还没有拥挤的雅典帕台农神庙，沉浸在冉冉升起的晨光中！或沿着不丹海拔3000米的崎岖山路慢跑，对白雪皑皑的喜马拉雅山强烈的敬畏之情油然而生！或者冒着-15℃的寒冷，在赫尔辛基沿着水边慢跑！或奔跑在里约热内卢国家公园的小径里，穿过亚马逊的动植物园！作为一个马拉松运动员，你通过努力训练达到了大多数人都没有的健康水平——请充分利用你辛苦得到的体魄，用一种不同寻常的方式感受这个世界。

在世界的每一个角落有无数的马拉松比赛，中国的长城、南极洲，Matt Chapman还曾参加过行星系列的比赛，他说"你可能会在厚厚的积雪上、怒吼的狂风中和与人类大小相同的企鹅中间奔跑。"我个人的目标是每年参加一次海外马拉松比赛，每次都不同。将新加坡马拉松计算在内，我一年参加两次马拉松比赛，在两次马拉松比赛之间，给身体足够的时间来恢复和训练。

对于认真的跑者，参与五个主要的马拉松比赛即可完成个人"大满贯"。它们是波士顿、柏林、伦敦、芝加哥和纽约马拉松。许多跑步者梦想着去波士顿"朝圣"，参加世界上最古老的马拉松比赛——如果他们能通过严格的筛选获得相应资格。柏林马拉松，是地球上赛程最快的马拉松，也是跑步者常年设定个人最好成绩的最爱。Haile Gabrselassie在2008年柏林马拉松比赛中创造了当时的世界纪录2小时3分59秒时，我也参加了同一场马拉松比赛，尽管完成比赛的时间比他长。

对于那些想体验独特风景和文化的跑步者，有一个更长的列表可供选择。下面的列表是世界马拉松比赛的简单列表。除了主要马拉松赛事外，还涵盖了一些较小型的马拉松比赛和一些距离较远但必须要尝试的马拉松比赛。

在海外比赛时，记得带些合适的衣服，大约赛前三天到达当地，适应当地时间；在比赛前两天做轻度训练，做一些拉伸运动使自己熟悉当地状况，核实天气信息，最后，在比赛前保证睡眠充足。

| 马拉松比赛／国家／月份 | 你必须尝试的理由 |
|---|---|
| 波士顿马拉松（世界级马拉松主要赛事）<br>美国<br>4月 | 波士顿马拉松是世界上最古老的马拉松比赛，是世界最著名的赛事之一。为了获得参赛资格，参赛者必须根据自己的年龄在特定的马拉松比赛中以规定时间完成比赛。这条路线多山、地势崎岖不平，通过名字就可得知，"心碎山"就是其中之一。波士顿马拉松比赛充斥着令人敬畏的跑步者群体、完备的组织和绝伦的观赏性，在一生中至少尝试参加一次。<br>"我会永远记住波士顿马拉松，记住这次比赛以及我不得不通过努力来获得参赛资格的事实。我在墨尔本马拉松比赛中并没有在规定的3小时15分完成比赛，我在大田原马拉松（日本）比赛中进行了第二次尝试，以3小时14分59秒完成比赛获得参赛资格！波士顿马拉松比赛路径艰难——心碎山不是唯一一个让我心碎的地方，比赛途中有许多小山，甚至终点处都是上坡。飓风刚刚刮过，我们在气温4℃～8℃、风速每小时50公里的大雨中奔跑。"<br>——Ben Tan，以3小时19分4秒完成了2007年波士顿马拉松比赛 |
| 柏林马拉松（世界级马拉松主要赛事）<br>德国<br>9月 | 被誉为世界上最快的马拉松赛程，承诺拥有超过100万名支持者和70组现场乐队（在平坦路线处）营造炫酷的比赛氛围。比赛可以让跑步者沿途欣赏柏林很多著名地标，最后经过雄伟的勃兰登堡门跑向终点线。<br>"我喜欢柏林马拉松，我已经参赛两次了。赛程很快，天气怡人，最棒的是我可以见到我的偶像，当前世界纪录保持者Haile Gabrselassie并与他合影！在柏林马拉松经常有新的世界纪录诞生，能与Haile参加同一场马拉松比赛（2008年比赛中Haile创造了新的世界纪录2小时3分59秒）真的感觉到振奋人心！我很荣幸见证马拉松历史的一部分，见证了在2小时4分之内完成比赛的第一人。"<br>——Daniel Ling，2007年新加坡马拉松比赛（当地男子组）冠军 |

**伦敦马拉松比赛**
（世界级马拉松主要赛事）
英国
4月

相对平坦的路径让马拉松赛程速度很快，伦敦马拉松每年吸引了来自50多个国家的运动员前来参赛，拥有百万观众支持。伦敦马拉松有着一级的赛事和完备的组织，跑步线路引领跑步者穿过大本钟等著名地标，在白金汉宫前到达终点。由于每年反响强烈，因此通过投票决定参赛名额——当你第一次尝试时，可能没有机会参赛。

"这是迄今为止最令人难忘和愉快的马拉松比赛，我已经参加了马拉松5大赛事中的4个。我参加了3次伦敦马拉松比赛，每次都有不同的体验。一次是伦敦马拉松历史上最热的一天，一次是最潮湿最冷的比赛。2004年我以3小时21分30秒的成绩完成了马拉松比赛，那次挑战性最大。赛程中的一段是要通过12.5英里长的伦敦塔桥，路径平坦但微微倾斜。赛事做了一定的改善——主办方改变了路线，以水泥表面代替沿河堤的鹅卵石表面，使得比赛进程更快。穿梭在伦敦著名的旅游景点中，受到百万游客的一路支持，没有一刻是无聊乏味的，乐趣一路相伴。"

——JJ Shepherd，新加坡跑步社区的活跃成员，
在2007年比赛中以3小时22分33秒获得所在年龄组的第六名

**芝加哥马拉松比赛**
（世界级马拉松主要赛事）
美国
10月

芝加哥马拉松的赛道是一个圈，路径平坦、宽阔，可以疾驰而行。它的起点和终点在浩瀚的密歇根湖畔的格兰特公园，沿途有芝加哥的许多景点——从市中心的摩天大楼到大多数游客都无法看到的多民族风情区。群众的热情支持伴你全程，给你无尽的鼓励，马拉松比赛截止时间在开始后的6小时30分。

尽管我已经在其他地方参加了几个同样惊人的和令人难忘的马拉松比赛，但2002年的芝加哥马拉松仍然深深触动我的内心，是我最喜欢的一次比赛，也许还因为是我第一次参加海外"大比赛"。我完全被整个比赛中大量的群众呐喊声和狂欢节的气氛冲昏了头。比赛开始于5℃左右寒冷的清晨（我穿着两件上衣、带着手套、羊毛套头外套），人行道上已经挤满了人（他们当时本可以舒服地窝在床上）。他们手持海报、横幅和各种各样发出声响的东西，为我们加油助威。这是一个我完全深陷其中的马拉松！我完成比赛的时间并不尽如人意，但是赛后很久我依然沉浸在狂喜状态中，久久不能平静。"

——马拉松爱好者 Anna Teo，
芝加哥马拉松的经历让她兴奋不已，她决定开始大比赛的征程

充满惊喜的海外马拉松假期

**纽约马拉松比赛
（世界级马拉松主要赛事）
美国
11月**

纽约马拉松是世界观众最多的比赛之一，比赛充满了挑战性，路线有斜坡。比赛过程及氛围充满热情，你将跑着欣赏美丽的城市风光，在广阔的中央公园结束比赛。等待比赛开始时做好防寒准备，还需做好面对大群跑步者的准备。

"在我参加过的所有大型马拉松赛事中（波士顿、纽约、柏林），我认为纽约马拉松比赛是一个所有跑步者"必须参加"的比赛。比赛氛围是奇妙的、令人振奋的。从开始到结束，我完全失去了自我，很多支持者临街而立为我们加油助威。就像整个纽约城都在甲板椅上，一起吃早饭，一起与啦啦队呐喊。除了这些热情的支持者，一路上大约有100支乐队，他们演奏、弹唱着最新的音乐——从摇滚乐队到爵士乐队到学校乐队——当我们"挣扎"着努力前行时，他们成群结队鼓舞我们。他们不是你的"跑步里程"追随者，他们做这些全部是出于自愿！他们的音乐才华让我想停下来与之一起载歌载舞！当我再次参加纽约马拉松比赛时，我一定会带一个相机——其他的将是次要考虑因素！即使我们等待比赛开始时的那段时间里天气很冷，但是一旦比赛的枪声响起，保暖的衣服完全可以舍弃来给冬天里需要帮助的人！纽约马拉松赛事是一个不需要参加旅游团就可以游览这个城市的绝佳机会，因为比赛线路将带你在几个小时内穿过所有5个行政区——斯塔滕岛区、布鲁克林区、皇后区、布朗克斯区和曼哈顿区。纽约马拉松比赛的另一个重要特点是跑步友谊，这一赛事仅供国际运动员参加（除了少数的美国跑步者外）。参赛者穿着他们的民族服装，聚集在联合国大楼前，参加5公里跑比赛，真正友好而轻松。很多新加坡人前来参加纽约马拉松比赛，很好地代表新加坡展示自己的民族服装样式，让新加坡在国际中脱颖而出。"

——David Tay，狂热的马拉松跑步者，
目标是迅速完成马拉松重大赛事

| | |
|---|---|
| 布拉格国际马拉松比赛<br>捷克共和国<br>5月 | 这是一场有着特殊吸引力的马拉松比赛，因为布拉格是个使人内心震撼的城市，比赛线路也是世界上最漂亮的比赛路线之一。自1995年成立以来，布拉格国际马拉松赛吸引了世界的眼球，大多数的参赛者都来自国外。<br>"比赛途中，当我们沿着伏尔塔瓦河奔跑时，迷人的景色使我忘记了疼痛与疲惫。我充满希望地前行，期待着穿越著名的查理大桥（捷克语：Karluv Most）朝着历史名城前进。当我们进入老城终点线，我的脚比在鹅卵石街道上跑步时还要疼痛！疼痛并没有持续多久，但在这样一个历史性的城市完成马拉松比赛的记忆永存。"<br>——Ben Tan，2004年以3小时45分完成了马拉松比赛 |
| 威尼斯马拉松比赛<br>意大利<br>10月 | 威尼斯本身是一个值得去游历的历史名城，马拉松赛程相对平坦快速，来这里旅行的理由更具吸引力。气温通常在10℃以下。上半段赛程是典型的乡村景观，接下来可以看到"布伦塔河"，再跑向威尼斯市的行政区——欧洲最大的绿色城市前，是4公里长的桥和威尼斯港口地区，终点在市中心。<br>"我几年前参加过威尼斯马拉松比赛。比赛起点是威尼斯市外，终点是威尼斯市内。那是一个美丽的终点，附近有海域和贡多拉船。赛后你可以乘坐贡多拉船好好放松一下！"<br>——Vivian Tang，新加坡顶级女性马拉松选手 |
| 斯德哥尔摩马拉松比赛<br>瑞典<br>6月 | 斯德哥尔摩马拉松比赛始于1979年。开始时间与众不同，是在星期六下午2点，两圈赛程可以让你领略不同的风景名胜，你会穿过市中心，沿着水路前行，通过美丽的地标如皇宫、市政厅、皇家歌剧院和国会大厦，起点和终点都在奥林匹克体育场。由于部分地形起伏，赛程进展较慢，但街道上大量的人群和优秀的志愿者使气氛变得十分热烈，赛事主办方还提供冷饮和许多软装饮料为跑步者降温。 |

充满惊喜的海外马拉松假期

"如果你对名次不那么看重，那么斯德哥尔摩马拉松绝对是游览和参观这个美丽城市的绝佳选择。穿过市中心和周边地区，经过风景名胜地、公园，看到郁郁葱葱的绿色植物和闪烁的蓝色水道，交叉的桥梁——你可以感受这些美景两次，因为比赛路线是两圈。

最重要的是，也许你的起点和终点会在斯德哥尔摩历史性的奥林匹克体育场，是1912年奥运会举办地。6月星期六的下午2点天气依然相当热，但我记忆中的斯德哥尔摩马拉松比赛的场景是令人惊讶的：蔚蓝的天空和湛蓝的水域。这是我参加过的景色最秀美的马拉松比赛之一。"

——Anna Teo，参加了2003年的斯德哥尔摩马拉松，
同时在后期的芝加哥马拉松比赛中取得了良好的成绩

| | |
|---|---|
| 迪斯尼乐园马拉松比赛<br>奥兰多，佛罗里达<br>美国<br>1月 | 既可以看到迪斯尼乐园同时又可以跑步是一个完美的方式。确认你报名参加的是高难度挑战，即在星期六参加一个半程马拉松比赛，星期日参加一个全程马拉松比赛。比赛线路将带你穿过迪斯尼世界主题公园，有迪斯尼人物沿着比赛路线站立为你加油。唐老鸭勋章等待半程马拉松比赛的结束者，米老鼠奖章为全程马拉松运动员而准备。高难度挑战者将获得一个额外的高难度奖章。你要在网上早点注册报名，因为3000个名额很快就会爆满。<br><br>"这个独一无二的奖章绝对值得你63公里的付出！"<br>——Mohanadas Kandiah，完成了71场马拉松比赛 |
| 檀香山马拉松比赛<br>美国<br>12月 | 檀香山马拉松比赛在边举行，沿途风景优美。热情洋溢的人群（日本人居多）、狂热的志愿者、开场烟火，让你置身于一个梦幻的比赛氛围中。比赛开始时间是在早上5点，有足够的饮品和冰冷的湿海绵帮助跑步者降温。在你完成比赛后可以考虑走一会，收集完成者T恤和应得的奖牌。<br><br>"这可能是我参加过的全程马拉松比赛中乐趣最大的比赛之一。跑步者（日本人居多）之间有着深厚的情意！跑步过程完全放松，经过著名的钻石头山，穿过几个低矮的火山。不幸的是，比赛开始于12月的第二个星期日——新加坡渣打马拉松比赛后的 |

一周；你需要早点定机票，因为日本、韩国、台湾飞檀香山的飞机总是满员。"

——Mohanadas Kandiah，完成了71次马拉松比赛

**长野马拉松比赛**
**日本**
**4月**

一年一度的长野奥林匹克纪念长野马拉松大会是为了纪念1998年长野冬季奥运会。参赛者沿着长野奥运会期间使用过的一些优良的设备跑步，终点设在奥运纪念体育场。天气温和，路线平坦。

"比赛组织的井然有序——他们有英语导游可以提供帮助，外国选手可以优先排队拿标签。沿途非常奇妙——想象一下穿过种着苹果树的农场，远处有积雪盖顶的山脉，还有盛开最漂亮的樱花！他们提供优质的运动饮料和可口的能量凝胶。最棒的是在比赛结束后会提供专业按摩，如果有需要还提供冰敷和热处理！"

——Dr Benny Goh，
2009年以2小时52分55秒的个人最佳成绩完成比赛

**大田原马拉松比赛**
**日本**
**11月**

这是一个风景优美的本土化乡村马拉松比赛（非商业）。仅2个小时的高速列车就可以到达东京北部，路线是一个相对平坦的双环路，天气几乎可以保证是温和的。如果你想突破个人最好成绩或获得参加波士顿马拉松的比赛资格，这是一次很好的尝试机会。赛后，在Shiobara温泉区附近订一家日式旅馆，享受赛后天堂般的温泉，还有比这更好的生活吗？

"大田原马拉松比赛于每年11月23日举行（工党感恩节）。虽然有点单调，但是是赛程最快的比赛之一。由于截止时间只有4个小时，仅有大约1000名参赛者参赛，所以很容易跑。10公里比赛在同一时间举行。赛后提供免费的美味猪肉味噌汤给选手暖身子（这可能是当地相当寒冷的时间段）。赛后，Shiobara温泉附近的风景绝对值得观赏——此时正是山里色彩斑斓的树叶的最佳观赏季节，你可以尽情享受休闲时光。再去日光待几天，参观列入世界遗产名单的寺庙和神社，也是个不错的想法。"

——Mika Kume，
一位经验丰富的马拉松选手和新加坡铁人三项选手

充满惊喜的海外马拉松假期

**黄金海岸马拉松比赛**
**澳大利亚**
**7月**

黄金海岸马拉松有着梦幻般的环境，地势平坦，风景优美，有着宽阔的沿海比赛路线，比赛时间为7小时10分钟，有热情的支持者甚至穿着睡衣前来助阵。马拉松比赛时没有推搡现象，秩序井然。供水充足。

"我对黄金海岸机场马拉松比赛有着美好的回忆。除了这是我第一次参加海外马拉松比赛外，还因为我在规定时间内（3小时30分）以3小时19分37秒完成了比赛，获得了参加2007年波士顿马拉松比赛的资格。比赛中充满了节日的氛围，不同组的选手可以完成不同距离的赛程。路途平坦，沿着海岸线，海风不断地触碰你的脸——这让我想起了我们国家的东海岸公园，但是天气是有区别的，这里阳光明媚、环境凉爽，气温为10℃～15℃。一路上的支持者为跑步者加油鼓劲，使比赛的气氛轻松了很多，偶尔还有乐队为我们演奏歌曲。使我一直铭记于心的一个关键因素是有许多马拉松"兔子"在路上引导我们。我与3小时15分的速度组一起跑，指导者给我们提供了简单的建议，比如在供水站补充液体，了解自己个人能力——保持自己的速度前进或慢下来，不要突然前进脱离组织。我把这些基本的建议和经验带回新加坡，作为马拉松的官方"兔子"，与参加新加坡渣打马拉松比赛的其他跑步者共享。"

——David Tay，经验丰富的马拉松选手和铁人三项选手

**香港马拉松比赛**
**香港**
**2月**

对于那些完成新加坡马拉松之后仍然渴望跑步的选手，你可以继续参加香港马拉松比赛。风景优美的路线带你领略宏伟的横跨港口的桥梁。在十几度舒适的温度中，要克服通过整个桥梁时稍微倾斜的恐惧。除了马拉松比赛本身，你一定不愿错过这座令人兴奋的城市里的食物和商品。

"我生平第一次参加马拉松比赛是于2004年12月举行的渣打新加坡马拉松比赛，越过终点线的感觉如此的激动人心，使我迫不及待要参加另一个马拉松比赛。所以我决定尝试仅仅两个月后开始的香港马拉松比赛。比赛中我穿过了熙熙攘攘的街道，越过了三座大桥（宏伟壮丽的青马大桥风景尤为靓丽），通过了两个隧道，其中一个隧道是位于河底2公里长的西区海底隧道——隧道出口处应用了著名的文丘里效应，需要花费

额外的力量穿过隧道。最后，通过备受折磨的5公里上坡，在肌肉面临着痉挛的风险中，到达终点线。在下坡的20秒时间你会感受到怡人的凉爽温度，就像在很大的空调房里跑步。"

——Robson Phan，
2005年马拉松比赛中获得个人最好成绩3小时28分18秒

| | |
|---|---|
| 内罗毕马拉松比赛<br>肯尼亚<br>10月 | 内罗毕马拉松是肯尼亚最大的体育赛事，是世界上最伟大的长跑者们的家园。如果你想知道在高海拔地区跑步是什么感受，可以尝试下这个比赛。当然不要期待可以获得个人最好成绩。<br><br>"我一直想知道在肯尼亚跑步是何种感受。2005年和2008年我的机会来了。路线多崎岖山地，当我回来进行第二次尝试时，线路中陡峭的山坡减少了。气温大约在20℃，平均湿度55%。每公里距离都没有明确标记，供水站只有白开水提供（在那里的超市很难找到任何一种饮料）。海拔在1600~1800米之间，呼吸稍微费力但可控。我建议至少在比赛前两天到达比赛地点进行一个简单跑适应比赛海拔。注意晚上有很多蚊子，即使在五星级酒店也不例外！在肯尼亚，有三大事情一定要做：①去狩猎；②攀登乞力马扎罗山；③访问一个跑步基地。我在埃尔多雷特（在肯尼亚西部的一个小镇）的一个跑步基地训练，这里是世界长跑精英的诞生地，在那里我遇到了Kip Keino和Daniel Komen（当前3000米世界纪录保持者）并和与他们合影！"<br><br>—— Lua Choon Huat，马拉松选手和超长马拉松选手 |
| 厦门国际马拉松比赛<br>中国<br>1月 | 厦门国际马拉松比赛被誉为"地球上最美丽的马拉松之路"，比赛开始于每年1月的第一个星期六，完成截止时间为6小时，在凉爽的季节沿着风景优美的海滨小镇奔跑。自从2003年开始后，厦门马拉松已经越来越流行。如果你想要追求个人最好成绩，推荐这场比赛，因为比赛路线十分平坦。"厦门马拉松比赛是我最喜欢的中国马拉松比赛 |

之一，比赛中，年轻的、年长的支持者遍布全程。寒冷的1月天气让许多参赛选手成功获得波士顿马拉松比赛资格。"——Mohanadas Kandiah，完成了71次马拉松比赛

**吴哥窟国际半程马拉松比赛**
**柬埔寨**
**12月**

没有什么能比在吴哥窟复杂传奇的古代庙宇中穿梭更加超越现实！这场比赛是在柬埔寨度过一个异国情调假期的完美理由。目前，没有对全程马拉松进行分类，但是大家在赛后有更多观光旅游的机会。

"如果你从来没有去过柬埔寨或没有机会参观吴哥窟，除了参加比赛，周末时你可以计划旅行。这是我参加过的最难忘、最愉快的体育赛事。有一流的组织，有快速、平坦、阴凉的柏油路赛道。最重要的是，可以有时间去支持当地的残疾运动员和轮椅参赛者，对他们来说，这个比赛可以筹集资金帮助他们在地雷事故后得以康复。"——Pauline Mulroy，铁杆跑步迷，探索了亚洲的每一个角落

## 附录 1　为期十二周的训练日记

| 中周期___ 训练类型 | 星期一 | 星期二 | 星期三 | 星期四 | 星期五 | 星期六 | 星期日 | 星期总计 |
|---|---|---|---|---|---|---|---|---|
| 日期 | | | | | | | | 1 |
| 目标（千米） | | | | | | | | |
| 里程（千米） | | | | | | | | |
| 时间（分钟） | | | | | | | | |
| 速度（分钟／千米） | | | | | | | | |
| 备注 | | | | | | | | |
| 日期 | | | | | | | | 2 |
| 目标（千米） | | | | | | | | |
| 里程（千米） | | | | | | | | |
| 时间（分钟） | | | | | | | | |
| 速度（千米／小时） | | | | | | | | |
| 备注 | | | | | | | | |
| 日期 | | | | | | | | 3 |
| 目标（千米） | | | | | | | | |
| 里程（千米） | | | | | | | | |
| 时间（分钟） | | | | | | | | |
| 速度（分钟／千米） | | | | | | | | |
| 备注 | | | | | | | | |
| 日期 | | | | | | | | 4 |
| 目标（千米） | | | | | | | | |
| 里程（千米） | | | | | | | | |
| 时间（分钟） | | | | | | | | |
| 速度（千米／小时） | | | | | | | | |
| 备注 | | | | | | | | |
| 日期 | | | | | | | | 5 |
| 目标（千米） | | | | | | | | |
| 里程（千米） | | | | | | | | |
| 时间（分钟） | | | | | | | | |
| 速度（分钟／千米） | | | | | | | | |
| 备注 | | | | | | | | |
| 日期 | | | | | | | | 6 |
| 目标（千米） | | | | | | | | |
| 里程（千米） | | | | | | | | |
| 时间（分钟） | | | | | | | | |
| 速度（千米／小时） | | | | | | | | |
| 备注 | | | | | | | | |

| 日期 |  |  |  |  |  |  |  | 7 |
|---|---|---|---|---|---|---|---|---|
| 目标（千米） |  |  |  |  |  |  |  |  |
| 里程（千米） |  |  |  |  |  |  |  |  |
| 时间（分钟） |  |  |  |  |  |  |  |  |
| 速度（分钟／千米） |  |  |  |  |  |  |  |  |
| 备注 |  |  |  |  |  |  |  |  |
| 日期 |  |  |  |  |  |  |  | 8 |
| 目标（千米） |  |  |  |  |  |  |  |  |
| 里程（千米） |  |  |  |  |  |  |  |  |
| 时间（分钟） |  |  |  |  |  |  |  |  |
| 速度（千米／小时） |  |  |  |  |  |  |  |  |
| 备注 |  |  |  |  |  |  |  |  |
| 日期 |  |  |  |  |  |  |  | 9 |
| 目标（千米） |  |  |  |  |  |  |  |  |
| 里程（千米） |  |  |  |  |  |  |  |  |
| 时间（分钟） |  |  |  |  |  |  |  |  |
| 速度（分钟／千米） |  |  |  |  |  |  |  |  |
| 备注 |  |  |  |  |  |  |  |  |
| 日期 |  |  |  |  |  |  |  | 10 |
| 目标（千米）） |  |  |  |  |  |  |  |  |
| 里程（千米） |  |  |  |  |  |  |  |  |
| 时间（分钟） |  |  |  |  |  |  |  |  |
| 速度（千米／小时） |  |  |  |  |  |  |  |  |
| 备注 |  |  |  |  |  |  |  |  |
| 日期 |  |  |  |  |  |  |  | 11 |
| 目标（千米） |  |  |  |  |  |  |  |  |
| 里程（千米） |  |  |  |  |  |  |  |  |
| 时间（分钟） |  |  |  |  |  |  |  |  |
| 速度（分钟／千米） |  |  |  |  |  |  |  |  |
| 备注 |  |  |  |  |  |  |  |  |
| 日期 |  |  |  |  |  |  |  | 12 |
| 目标（千米） |  |  |  |  |  |  |  |  |
| 里程（千米） |  |  |  |  |  |  |  |  |
| 时间（分钟） |  |  |  |  |  |  |  |  |
| 速度（千米／小时） |  |  |  |  |  |  |  |  |
| 备注 |  |  |  |  |  |  |  |  |

为生命而奔跑！
**210**

# 附录 2　新加坡，我的训练场
>>With input from Ben Swee

作为马拉松训练的一部分，你将要跑许多路程，何不将此作为探索新加坡各个角落的机会呢？你可以通过不同的路线做一系列的训练，从基础跑、长距离慢跑、速度跑、节奏跑、间歇跑、法特莱克训练法到山地训练都可。国家公园委员会（NParks）创造了一个广泛的公园连接路线网，这样在长跑时受到的干扰是最小的。这里有一些推荐的训练场馆：

| 地区 | 路线 | 路线描述 |
| --- | --- | --- |
| 东海岸公园 | 沿东海岸公园路和西海岸公园管理处 | 东海岸公园是新加坡最大、最受欢迎的公园，它地处东南部，沿海、地势平坦，非常受跑步者欢迎，所以周末时十分拥挤。从Fort路到国家服务区到乡村俱乐部全程约10公里，是长距离慢跑的绝佳场所。<br><br>训练：21公里的平坦路径开始于B1停车场，向东，经过国家帆船中心、国家服务区和乡村俱乐部，经过NSRCC海洋体育中心，在MOE樟宜海岸探险中心折回到B1停车场。这是进行21公里计时赛的不错路线。 |
| 樟宜海滩公园／樟宜海滨路 | 沿尼浩大路和樟宜海滨路 | 樟宜海滩公园长约3.3公里，位于新加坡的东部。从樟宜海滨路到东海岸公园有8公里的慢跑路径，对于长距离慢跑来说是一个愉快而平坦的路线。樟宜海滨路沿线没有设置洗手间或饮用水站，所以建议随身携带一些水。 |
| 巴西立公园 | 巴西立公园从巴西立路延伸到罗央岛路，可以穿过伊莱雅路和巴西立绿路达到 | 巴西立公园沿海滩约延伸3公里，地势平坦，与东海岸公园相比不是那么拥挤。这里是看海的好地方，跑步后你可以泡会澡，放松一下。 |
| 勿洛水库公园 | 沿勿洛水库路 | 这里举行了相当多的比赛，库区一圈长4.3公里。运动员可以选择在砾石或草地上跑步，为大家提供了一个在不同地表训练的机会。这里没有太多的庇荫处，所以建议在清晨或晚上跑步。<br><br>训练：因为有距离标记，你可以在这里进行速度跑、节奏跑、有氧间歇跑和长距离慢跑。 |
| 璧山公园 | 沿Ang Mo Kio第一大道 | 在这个美丽的公园里，有池塘和茂盛的绿叶映衬着慢跑路径，弥漫着平静和安宁的气息。与璧山地铁站相距几分钟路程，这为它成为训练场增加了吸引力。 |

| 老Thomson路上段／Mandai路 | 靠近Thomson路上段和皮尔斯水库公园下段 | 位于老Thomson路上段，远离主干道，很少有车辆通过。但是要小心自行车和超速的汽车。 |
| --- | --- | --- |
| | | 训练：21公里适度山地跑开始于麦里芝水库的主要停车场，沿Thomson路上段向北，左转进入老Thomson路上段，经过皮尔斯水库入口下段，通过皮尔斯水库入口上段，回到Thomson路上段，左转进入Mandai路，然后左转进入Seletar水库上段，直到看到公共厕所在左手边为止。此路线长10.5公里。因此这是一个不错的21公里往返跑训练路线。|
| | | 25公里跑的路线如上相同，但不在厕所处停止，而是经过厕所，沿着这条路继续向前，直到通过一段上升路线到达Seletar水库上段。上升路段的末端是一个很大的门。如果你从门折回，重新回到麦里芝水库，这将是一个25公里长的适度山地训练。|
| | | 34公里跑的路线如上相同，但不在门口转身，跑过大门，左转进入Mandai路。继续沿Mandai路前进，沿新加坡动物园的牌子向前。在停车场掉头，重新回到麦里芝水库的主要停车场。Upper Seletar水库公园和新加坡动物园之间有很长的一段路没有洗手间，如果你没有携带任何水，你需要要在那段路开始和结束时补充水分。|
| 麦里芝水库公园 | 沿Lornie路 | 很多跑步者最喜欢的训练场地，带着跑步者穿过自然景观的小径、森林和栈道边缘的水库，在公园内是山地地形，跑步者可以进行几公里到10公里以上的跑步训练。近期经过维修建立了有吸引力的设施和停车场。麦里芝跑步者25俱乐部（MR25），是一个活跃的跑步俱乐部，定期组织跑步活动，包括每隔一个月的5公里试航跑，逐渐增加跑步里程直到参加年底的马拉松比赛。每年的最后一个星期天，麦里芝跑步者25俱乐部会组织一个12小时的超级马拉松跑——从早上7点开始，你要完成10公里山地越野路线，看看在下午7点前可以完成多少圈！也有非正式群体进行长跑，每个星期天早上7点开始，欢迎加入他们的行列。|
| | | 训练：很适合越野训练，有长短不同的路线，从几公里到10公里不等。小心你的脚踝。|
| 皮尔斯水库公园上段 | 沿老Thomson路上段 | 这个漂亮的水库没有麦里芝水库那么拥挤。但你需要一辆车到这里。|
| | | 训练：这是新加坡一个多山的路线。从水库的主要停车场开始，沿马路跑向大门，左转进入老Thomson路上段。跑到老Thomson路上段的尽头，进入Thomson路上段，掉头回到停车场。这个路线约6公里。停车场和门之间，有三个相当陡峭的山坡。你可以进行法特莱克训练法训练、山地节奏跑或斜坡间歇跑。不要在训练周期的早期做这些训练——当你已经有了一个强大的基础，希望推动健康更上一层楼时，再做这些训练。|

| | | |
|---|---|---|
| 福康宁公园 | 以希尔街、Canning Rise、克莱蒙梭路和河谷路为界 | 福康宁公园位于城市中心,这个小公园路线长2公里,穿插着山坡和台阶,对所有的训练都具有挑战性。 |
| 滨海宝龙坊／滨海公园／驳船码头／克拉克码头 | 沿着共和国林荫大道,从Connaught路往政府大厦大草场和市政厅相反方向,沿新加坡河而上到达Kim Seng／Havelock路 | 交通便捷,带领跑步者穿过各种著名景点,比如新加坡摩天观景轮、滨海公园、船码头和克拉克码头的酒吧、新加坡河、餐厅、酒店和新加坡著名的夜总会——祖克乐。每圈约8公里。 |
| 贝尔法斯特公园 | 位于Cluny第一大道,经过Bukit Timah路或Holland路 | 贝尔法斯特公园位于果园郊区,深受很多人喜欢。绿色植物和湖泊让跑步者身心愉快,忘却疲劳。小路众多,提供各种各样的路线、各异的风景和不同的训练距离。 |
| CCA Bukit Timah小路 | 位于埃文斯路,与Jacob Ballas儿童乐园、新加坡植物园相邻 | 集中的合成路线对公众开放,许多团体在此进行训练。工作日的晚上十分拥挤;要注重赛道礼仪,为跑步者做间歇跑训练或时间测试留出跑道。<br><br>训练:合成路线非常适合做时间测试和间歇跑训练。<br>训练:纳西姆路和Dalvey路路程较短,非常适合适度山地节奏跑或有氧间歇跑。纳西姆路长1.5公里,从Cluny路延伸到Orchard路。Dalvey路长900米,从 Cluny 路延伸到Stevens路。 |
| 武吉布朗坟场 | 位于Lorong Halwa尽头,靠近Lornie路或Kheam Hock路 | 这块安静的墓地位于Lornie路边,Sime路的对面。公墓内的道路轻轻起伏,一圈约长3公里。你很难碰到一个活人,所以这里是一个安静跑步的好地方。从CCA Bukit Timah轨道通过Kheam Hock路可以进行长距离慢跑,所以你可以在小道上停车,慢跑到墓地做一个热身。<br><br>训练:有利于轻度山地训练。你可以在这里进行法特莱克训练法、基础跑、节奏跑和速度跑。 |
| 法伯尔山公园 | 位于Kampong Bahru路和Telok Blangah路交叉口,也从西海岸高速公路经过莫尔斯路 | 如果你正在寻找一个充满挑战的训练场地,法伯尔公园是一个理想的选择。从Kampong Bahru或莫尔斯路入口全程1.5公里的上坡路可以带领你登顶法伯尔山,在那里可以俯瞰圣淘沙岛。在公园内跑步者可以尝试1.6公里法伯尔山循环跑,一次上坡跑,一次下坡跑。<br><br>训练:以高级山地训练而闻名。 |
| 拉柏多国家公 | 沿拉柏多路远离Pasir Panjang路 | 拉柏多公园小而幽静,位于南部海岸,跑步者可以在平坦的路径上欣赏着海景进行训练,或尝试短程但有挑战性的上坡路线。 |

| | | |
|---|---|---|
| 肯特岗公园 | 从维安通道到波纳维斯达南段公路，经过维安通道、科技公园到达 | 从Buona Vista南路进入肯特岗公园，跑步者需要挑战高难度的维安通道处的陡坡，才能进入美丽的植物公园，欣赏到新加坡南海岸美景。<br><br>训练：以高级山地训练闻名。 |
| 南部山脊 | 花柏山公园、直落布兰雅山公园，肯特岗公园 | 9公里长的山地路线将花柏山公园、直落布兰雅山公园、肯特岗公园和西海岸公园连接在一起，深受跑步者的喜爱，这一路你可以感受到这座城市的气息和南海岸绿意茵茵的绝美景色。沿途中有两个吸引人眼球的大桥，亨德森波浪桥和亚历山大拱桥，在该路线中你可以在树荫下散步。<br><br>训练：适合高强度的法特莱克训练，或中级到高级的山地训练。你也可以进行长距离慢跑，但是在斜坡处要放慢速度。 |
| 西海岸公园 | 与西海岸大路和国立大学路相邻 | 4公里的环绕路线带你经过公园的两部分：第一部分是巨大的开放式场馆，涵盖着冒险乐园和海岸线观赏；第二部分是东部的一个小森林，环境安静平和。 |
| 新邦基里河 | 义顺二道与义顺工业园A区交汇处 | 这是一个平坦的2.8公里长的慢跑和自行车赛道，沿着新邦基里河，从义顺二道到北部海岸线。右边是运河，左边是大片的绿茵，前方是大海。每200米有一个距离标记。<br><br>训练：一个来回共5.6公里。距离标记清晰，是进行速度跑、节奏跑、间歇跑训练的理想地点。如果你设置手表每200米响一次，那么你可以精准测量比赛速度。 |
| 武吉巴督自然公园 | 以武吉巴督东段第二大道，武吉巴督东段第六大道和罗弄西素艾为界 | 地形起伏，小路蜿蜒，穿过郁郁葱葱的次生林后到达超过10层楼高的观景处，在这里之前的景象一览无余，激动人心。 |

# 附录3　比赛礼仪
>>**With input from Tan Peh Khee**

如果你是公路比赛新手，为了使每个人都能够愉悦地比赛，这里有一些关于比赛礼仪的小贴士：

- 比赛报名。比赛主办方需要根据预期的参赛者数量，准备供应品（如饮料、食品、医疗用品、志愿者、人性化交通工具）。

- 起跑时站在指定的栏杆位置。一些比赛是基于预估速度进行隔栏划分——比赛报名时要如实地填写预估比赛时间。在比赛当天，从你的指定栏处出发。如果没有栏杆，不要站在速度更快的跑步者前面。没有必要挤在前面，因为几乎所有比赛都会报时。

- 比赛开始后，不要影响你后面的跑步者。一旦枪声响起就开始跑——带着手机和朋友聊天，与两个以上的跑步者并肩而行，都会妨碍后面的跑步者。由于跑步者要超过前面的选手而不得不切换路线，可能会妨碍其他跑步者，加剧问题的严重性，最终引发危险。在起跑线时，顶级跑步者在全程马拉松、半程马拉松和10公里比赛的速度容易分别超过14.0、14.7和15.0公里／小时！

- 靠边跑。如果你和一群朋友一起跑步，尽量不要两人以上并肩而行，否则更快的跑步者将无法顺利前进。通常有一个错开路线——把错开路线让出来，除非有人超过你。注意你后面试图超越你的选手——戴耳机要调小声音直到可以听清楚周围的声音。

- 安全地超过其他选手。当试图超过前面的选手时，尤其是在拥挤的情况下，前面的跑步者可能不会沿直线跑，如果你从他或她的右边超过去，请喊出来提醒对方："我会从你的右边过去！"反之亦然。感谢给你让路的选手。

- 在供水站为他人着想。当你抓起自己的饮料时，确保不要突然停止妨碍其他跑步者。如果你必须慢下来补充水分，请远离跑步人群。在扔掉空纸杯前，检查你的"盲区"，将纸杯扔到回收箱里。

- 感谢志愿者。当你经过赛道工作人员、急救人员、其他志愿者时，对之表示感谢或报以微笑。

- 回应沿线欢呼的支持者。如果你太累无法说"谢谢"，那么一个微笑、一个友好的点头或竖起大拇指足以表达你的谢意。

- 到达终点后继续前进。会有跑步者恰好在你身后，所以继续前进，直到安全了再完全停止。

- 远离最内侧的赛道，因为许多跑步者在计时，他们要在预计时间内完成比赛。如果你只是完成比赛并没有目标时间，把赛道1（即最内侧的赛道）留给需要的跑步者。

*Keep Running!*